実存的・科学的ソーシャルワーク

エコシステム構想にもとづく支援技術

安井理夫

明石書店

はじめに

　筆者が大学でソーシャルワークを学んだのは、もう20年以上も前のことである。そのころはソーシャルワークに対する世間の関心がそれほど高いとはいえず、資格制度も存在していなかった。しかし、ライフモデルやセルフヘルプ・グループの援助機能など、病理モデルを越えていこうとするアイデアがわが国にも紹介されはじめ、利用者中心の支援が実現するのではないかと熱い期待を抱かせるような、希望のある時代でもあった。

　その後、筆者は、精神科の病院などでソーシャルワーカーとして働き、21世紀がはじまった年（それは介護保険制度が施行された年でもあったが）に大学でソーシャルワークの教鞭をとることになった。15年近く実践に明け暮れ、研究と結びつけて自らの実践を考えることをあまりしてこなかったので、最新の研究レベルについていけるかどうか、ほんとうはすごく不安だった。

　しかし、実際にそこで出会ったのは、実践者と研究者の手で20年以上かけて熟成された利用者中心の支援論などではなく、かつての病理モデルよりもさらに医療色の濃い援助論であった。とくに、保健医療の枠組みを援用して援助者が福祉サービスをマネジメントしていく手法がソーシャルワークであるとする論調には、生理的なアレルギーのようなものさえ感じた。そこには、利用者の主体性の尊重とか自己実現といったことばが併記されていたが、やっていることと言っていることがかけ離れていると感じてしまう自分の感性をどこまで信じてよいのかわからず、心細かったのを覚えている。

　その後、わかってきたことは、社会福祉士を養成する大学が、主体性のある研究の場ではなくなってきているということである。たとえば、社会福祉士などの資格制度が制定されたことによって、厚生労働省からの指導（管理）が強化され、同省が示した指導要領にしたがってシラバスを作成したり、決められた授業回数を厳守することなどが求められるようになった。また、

社会福祉士養成校協会ができてからは、その方針のほとんどがトップダウンといってもいいくらいの方法で決定されていっている。それらのことと呼応して、大学や教員がその個性を発揮することが困難になり、逆に国家試験に合格するための授業を展開するような風潮さえ散見されるようになってきた。つまり、厚生労働省や社会福祉士養成校協会が考えた「ソーシャルワーク」、正確には「社会福祉援助技術」や「相談援助」が、研究や教育において主流とならざるをえない状況が生まれているのである。それは、きびしい言い方をすれば、真理の探究よりも、パワー・ポリティクスや大学の「評判」を重んじる風潮だといえるかもしれない。

　筆者が研究者になろうとした動機のひとつは、これからの人生では、できるだけ「ほんとうのこと」を言っていたいということであった。本書でめざしたのは、もともと本流であるべきものを本流として論じたいということである。それは、これまでの文脈に即していえば、ソーシャルワークを、利用者や支援者、あるいは研究者の手に取りもどすということでもある。

　博士課程の恩師である太田義弘先生が述べているように、援助をする側に都合のいい技法だけがつまみ食いされ、技法の背後にパーソナリティ理論、フィロソフィーやアートがあるということすら研究者の「コモン・センス」として通じにくい現状がある。ソーシャルワーク実践も、かつてのように、支援者のフィロソフィーやアートに頼れるような時代ではなくなってきているという認識がある。本書の執筆にあたり、筆者が「知識としての技法 technical skills」にこだわったのは、支援者が、職人技のような技術をもっていなかったとしても、それらを用いることで、ソーシャルワークの価値や利用者中心の支援が実現するような方法を具体的に示したかったからである。そのことが、ソーシャルワークを私たちの手に取りもどす第一歩になればと願っている。たとえ、かたちから入ったとしても、利用者との関係やその成長に立ち会うことで、支援者もまた成長できると信じるからである。

　また、本文Ⅵで取り上げた鎌田實医師は、「心ある医療者はみんな疲れている。どうしたらいいのか、みんな悩んでいる」と述べている。ソーシャル

ワークの医療化はそれだけで十分すぎるほど憂慮すべき事態だが、その医療そのものも病んでいるという認識である。本書のテーマはソーシャルワークの支援技術であるが、実践事例についてはそれにこだわらず医療の実践を含めることにした。ソーシャルワークが「心ある医療者」たちと、日々の実践のなかで利用者の人間性や主体性を十分には尊重できていないというジレンマを共有する必要性を痛感するからである。

本書は研究書として書かれているが、一般の読者にもわかりやすいように、図や表を多くしたり、テレビドラマやJ-Popからの引用を用いるなど、できるかぎりの工夫をしたつもりである。ひとりでも多くの方が、本書を手にとり、いっしょに考え、ソーシャルワークを私たちの手に取りもどすために、ともに声をあげてくださることを切望するからである。

執筆を終えてからしばらく眠っていた本書は、明石書店と出会うことがなければ、こうして世に出ることはなかった。出会いは偶然であったかもしれないが、今、こうして「はじめに」を書きながら、出会えたのが明石書店でよかったとしみじみ思う。とくに、よき読者であり、よき助言者でもあった第三編集部の森本直樹編集長には、心からの感謝を申しあげたい。

注
(1) 太田義弘「はじめに」太田義弘・中村佐織・石倉宏和編著『ソーシャルワークと生活支援方法のトレーニング　利用者参加へのコンピュータ支援』中央法規出版、2005年。
(2) 鎌田實『病院なんか嫌いだ　「良医」にめぐりあうための10箇条』集英社新書、2003年、26頁。

実存的・科学的ソーシャルワーク
Contents

はじめに 3

I ソーシャルワークの混迷と課題

1 本書の問題意識……………………………………………………13
　(1) 知識（理論）と方法の乖離　14
　(2) 価値と方法の乖離　15
　(3) ブリコラージュ的な技術学習　16
2 支援技術の「科学化」をめぐる課題………………………………17
　(1) 価値と整合性のある知識　17
　(2) 価値と統合性のある技術　17
　(3) 科学的な技術学習の方法　18
3 本書の立場………………………………………………………19
　(1) ジェネラル・ソーシャルワーク　19
　(2) エコシステム構想　21
　(3) 本書における技術理解　22
4 前提とする理論・枠組み…………………………………………23
　(1) 西洋科学の知と臨床の知　23
　(2) 体験過程スケール　24
　(3) ゲシュタルト療法　25
5 考察の目的、方法…………………………………………………25
　(1) 知識、価値、方法、技法の総合的な理解　25
　(2) ソーシャルワーク技術と教育の体系化　26
　(3) Human Criteria からのチャレンジ　27

II 価値に根ざした科学的な支援技術

1 はじめに……………………………………………………………31
  (1) 本章の問題意識 31
  (2) 技術理解の概観 32
  (3) アート概念と技術 34
2 知識との整合性……………………………………………………36
  (1) 用語の整理 36
  (2) 技術の内容 38
  (3) エコシステム構想と支援概念 39
3 価値との統合性……………………………………………………40
  (1) ソーシャルワークの価値と「臨床の知」 40
  (2) 支援科学としてのソーシャルワークの特性 42
  (3) 新しい価値基準としての Human Criteria 43
4 支援科学としての方法と技法……………………………………44
  (1) ソーシャルワークにおける「認識」の検討 44
  (2) 実感の形成を支援するための技法 46
  (3) 協働のコンテクストを作りだすための技法 47
5 支援科学における技術の再構成…………………………………48
  (1) 技術の定義 48
  (2) 支援における技術の内容 50
  (3) 技術の科学化 51

III ライフモデルと社会福祉基礎構造改革

1 はじめに……………………………………………………………………55
  (1) 本章の問題意識　55
  (2) ライフモデル研究の概観　56
  (3) ライフモデルにみるソーシャルワークの課題　58
2 歴史理解と支援科学としてのソーシャルワーク……………………60
  (1) 主流のアプローチとそれらへのチャレンジ　60
  (2) 歴史のなかで取り入れられたものと取り残されたもの　62
  (3) ライフモデルとソーシャルワークの技術　64
3 社会福祉基礎構造改革とソーシャルワーク…………………………65
  (1) 理論における乖離（社会福祉援助技術論とソーシャルワーク理論）　65
  (2) 価値の制度化と二重の基準　67
  (3) 方法における乖離（2つの実践の並立）　69
4 わが国のソーシャルワークにおける「医療化」の諸相………………71
  (1) 医療・保健・福祉の連携とソーシャルワーク　71
  (2) 資格制度と保健医療のアイデア　72
  (3) ソーシャルワークにおける技術教育の課題　74
5 ソーシャルワークにおける技術の課題………………………………76
  (1) 医療サービス産業の台頭と技術の接客マナー化　76
  (2) 価値の制度化と技術の科学化　79
  (3) ソーシャルワークの科学化へのストラテジー　80

Ⅳ エコシステム構想と Human Criteria

1 はじめに……………………………………………………………87
  (1) 本章の問題意識　87
  (2) アートにおける乖離と技術の「態度」化　88
  (3) 実存的視座の欠落とストレングスの強調　90
2 ストレングス視座とパワーモデル………………………………91
  (1) 主要なアプローチにおける弱さの認識　91
  (2) エンパワメント・アプローチと認知　93
  (3) パワーモデル　95
3 ソーシャルワークにおけるパワーモデルと Human Criteria………97
  (1) システム思考と生態学的視座をつなぐ技術　97
  (2) エコシステム構想と Human Criteria　99
  (3) その人らしい生活と QOL の 7 段階　101
4 Human Criteria の諸相……………………………………………103
  (1) 実存的視座と精神的健康性　103
  (2) 経験の二面性　104
  (3) 「今―ここ」でのコンタクトと図地反転　107
5 認知とエコシステム構想…………………………………………109
  (1) 意味の発見　109
  (2) 認知と対処　111
  (3) 科学化の方向性　114

V 支援科学としての具体的な技術

1 はじめに……………………………………………………………119
   (1) 本章の問題意識　119
   (2) ソーシャルワークの技術と「協働」　121
   (3) 関係技術　123
2 利用者………………………………………………………………124
   (1) 生活コスモスと実存的・現象学的理解　124
   (2) 実感形成の技術　128
   (3) 利用者の主体性・責任性　131
3 支援者………………………………………………………………134
   (1) ソーシャルワークの枠組みにもとづいた情報収集とアセスメント　134
   (2) 個々のセッションのマネジメント　136
   (3) 局面展開の技術　137
4 支援関係……………………………………………………………140
   (1) 問題状況理解への支援　140
   (2) 協働のコンテクストを創造するための技術　142
   (3) 協働のコンテクストを妨げる要因への対処　144
5 まとめと課題………………………………………………………146
   (1) フィードバックの技術　146
   (2) Human Criteria　148
   (3) 残された課題　149

VI 実践事例の検討

1 べてるの家における支援技術の特徴……………………………………153
　（1）関係性（「弱さを絆に」）　153
　（2）状況（商売）　154
　（3）認知（「そのままでいいと思える」こと）　156
2 エコシステム構想とべてるの家における支援技術………………………157
　（1）利用者　157
　（2）支援者　159
　（3）支援関係　161
3 諏訪中央病院における支援技術の特徴……………………………………163
　（1）関係性（「あきらめない」こと）　163
　（2）状況（地域に開かれた病院づくり）　165
　（3）認知（「がんばらない」こと）　166
4 エコシステム構想と諏訪中央病院における支援技術……………………169
　（1）利用者　169
　（2）支援者　171
　（3）支援関係　173
5 考察……………………………………………………………………………175
　（1）支援技術の特徴　175
　（2）実存的関係性　176
　（3）「医療」と「科学」　180

VII 利用者の実存性を尊重した技術論の課題と展望

1 ソーシャルワークの支援技術における課題 …………………………………185
　（1）序論（ソーシャルワークの混迷と課題）　185
　（2）総論（価値に根ざした科学的な支援技術）　187
　（3）背景（ライフモデルと社会福祉基礎構造改革）　188
2 エコシステム構想における支援技術とその展開 ……………………………189
　（1）課題（エコシステム構想と Human Criteria）　189
　（2）展開と裏づけ（支援科学としての具体的な技術と実践事例検討）　190
　（3）残された課題　192
3 技術研究の課題 ………………………………………………………………192
　（1）実存性への知識（ニーズ）　193
　（2）価値の技法化（態度）　195
　（3）方法と技法（制度活用）　196
4 チャレンジング・アプローチの意義と展望 …………………………………198
　（1）ナラティブ・アプローチ　198
　（2）エンパワメント・アプローチ　200
　（3）行動アプローチ　201
5 揺らぐものと揺るがないもの …………………………………………………203
　（1）支援者の「揺らぎ」　203
　（2）Human Criteria の意義　204
　（3）実感の科学化への展望　206

おわりに　209

索引　213

I ソーシャルワークの混迷と課題

1　本書の問題意識

「はじめに」でも述べたように、本書は、ソーシャルワーク実践にとってもっとも切実なはずの課題（価値に根ざした支援を科学的・専門的に展開するにはどうすればよいか）になんとか答えを見出したいと悪戦苦闘してきたなかで、ようやくかたちになってきたビジョンをまとめたものである。それは、筆者が、思春期以来、折に触れて自問してきた問い、すなわち「ひとが生きるとはどういうことか」あるいは「自分はどう生きたいのか」という問いと、その切実さにおいて等価である。

「自分らしくあること」というほんとうは切実で深遠なテーマが、とくに近年の社会福祉においては、陳腐なスローガンに堕してしまったように、「生きがい」ということばまで、趣味やおしゃれ、仲間との交流を楽しむことといった、切実さとはほど遠いトーンで語られるようになっている。これらを、本来の切実さのままに、利用者や実践者、そしてソーシャルワークに取りもどすこと、それは、筆者には、研究上の関心へのチャレンジというよりは、やむにやまれぬ衝迫に近いものである。

では、このような深遠なテーマに理論的に取り組むにはどうすればよいのだろうか。まず手始めに、このテーマに関係するモチーフを、おおまかにつぎのように分類してみたい。

> ①利用者（人間）理解の方法
>   （ⅰ）知識（理論）からの理解
>   （ⅱ）価値からの理解
> ②支援の方法
> ③知識・価値・方法の3つを総合するための技術（skill）[(1)]

　そのうえで、テーマを、(a)知識と方法、(b)価値と方法、(c)これらを総合して支援に役立てるための技術という3つに絞り、問題意識（どこに問題を感じているのか）と、仮説（課題を考察する視点）を整理することからはじめたい。

(1) 知識（理論）と方法の乖離

● ライフモデルとインターベンション

　ライフモデルが、人と環境の交互作用に着目して利用者の生活を理解しようとしたことで、「人間か社会か」という病理モデル以来の論争には一応の決着がついた[(2)]。しかし、他方で、支援の方法は、インターベンションとして、すなわちケースワーク、グループワーク、コミュニティワークなどの方法レパートリーを活用し課題解決に向かう視点から、それとは別の方法や過程として語られている。しかも、それらにはさらにいくつかのアプローチがあって、それぞれに独自の人間観や社会観にもとづいた支援技法[(3)]（technique）が用意されているのである。

　これらのことから、ライフモデルによる利用者理解を活かした支援方法は、まだ開発の途上にあると考えられる[(4)]。

● ソーシャルワークとサービス提供の方法

　社会福祉基礎構造改革によって、わが国では、ケアマネジメントやコミュニティ・ソーシャルワークといったサービスを提供するための方法が注目されるようになってきた。社会福祉士をはじめとする資格教育も、それに対応

するかたちで新しいカリキュラムの体系化が進められている。しかし、それらの重心は、制度やサービスを効果的に運用することに置かれていて、きびしい言い方をすれば、ソーシャルワーク本来の方法である利用者との参加と協働を通じたサービス活用がめざされているとは思えない。

このような傾向がさらに進めば、ソーシャルワークが、サービス提供に都合のよい技法を寄せ集めただけの便法として理解されてしまうことが危惧される。

(2) 価値と方法の乖離

●一面的なストレングス理解

ライフモデルの登場は、利用者のストレングスに着目して支援を展開する道を切り開いてきた。しかし、ほんとうの意味での利用者中心の支援方法が確立されていない現状を考えれば、利用者のニーズに応えるかたちではじまったはずのストレングスへの関心が、逆に「強くなければならない」という一面的な価値に向かって利用者を駆り立ててしまう場合も少なくない。

弱さが強さにもなり、強さは弱さでもありうるような人間的なものの見方（経験の二面性など）に、関心が寄せられなくなってしまうときわめて危険である。

●商業化されるサービス提供

さらに、わが国においては、医療・保健・福祉の連携というスローガンのもとに、支援の目的が医療や保健を中心としたものへと変化しつつある。社会においても「健康な生活」を維持することが人生の目標であるかのような風潮が目につくようになり、このような時流に乗った理論や方法が登場してきただけではなく、社会福祉基礎構造改革による規制緩和にともなって商業主義的なサービスまでが散見されるようになってきた。今、これらによって、ソーシャルワークに固有な価値が骨抜きにされようとしている。

つぎに予想される最悪のシナリオは、社会福祉サービスの利用者が単なる「顧客」として扱われ、バイステック（Biestek, F. P.）の原則などに代表され

るソーシャルワークの技術が、接遇のためのマナーや技法に堕してしまうことである。

(3) ブリコラージュ的な技術学習
●態度論としての技術論

ソーシャルワークの技術をめぐる状況がこのように危機的であるにもかかわらず、技術が相変わらずバイステックの原則やパーソナリティ変化の必要十分条件（ロジャーズ〈Rogers, C〉）といった支援者の「態度」として語られ、実践への心構えや姿勢として皮相的にしか理解されない現状は、もどかしいということばでは表現しきれないほど深刻である。しかも、このような態度をマスターするためには、職人技の修得とおなじような「勘と経験」が必要なうえに、達成度の評価が困難だという大きな壁さえ立ちはだかっているのである。このような技術の学習方法をレヴィ・ストロースにならって「ブリコラージュ的」と形容してみたい。

このような現状に抗して、ソーシャルワークが科学的な支援方法としてその専門性を主張しようとするなら、支援場面や技術教育において、勘や経験に期待するような方法は望ましくないはずである。

●中範囲アプローチの必要性

ところが、わが国においては、利用者中心の支援を展開するための「態度論」と、それとはまったく別の西洋科学のアイデアにもとづいた支援の科学化が、矛盾やその解決方法には無関心なまま同列で語られるという現状がある。

そこで、(a)理論と実践をつなぐことができるような方法（中範囲アプローチ、詳しくはⅡ-2-(3)などを参照）と、(b)このような矛盾を解決しつつ利用者の実存性に迫ることができるような支援技術の2つを統合し、それを科学的で専門的なアイデアや方法として具体的に提示していくことが、ソーシャルワークにとってきわめて切実な課題になっている。

2 支援技術の「科学化」をめぐる課題

では、このような事態が進行してしまっているのはなぜなのだろうか。つぎに、その原因と考えられることを、ひとまず仮説としてあげておきたい。

(1) 価値と整合性のある知識

●実存的視座の欠落

ソーシャルワークには、専門職として、エビデンス（根拠）にもとづいた科学的な支援が求められている。そのようなテーゼのなかで、西洋科学の発想[7]とは相容れない実存的な内容は軽視されるようになってきている。たとえば、統計的な手法でその確かさを根拠づけられない個別的で主観的な内容は、それだけで一蹴されるような風潮さえ存在するからである。そのような傾向を補償するかのように、技術論において、態度やマナー（倫理）が強調されるようになってきたと考えれば、つじつまが合うだろう。

●技術論における「利用者」の不在

支援者と利用者の協働がソーシャルワークであるとすれば、利用者の主体性や責任性はきわめて重要な要因のはずである。しかし、実存的な視座が欠落すれば、技術論のなかに「利用者」が登場する必要はなくなってしまう。実際、後にⅡでみるように、ライフモデルのアイデアから技術の内容をまとめたマクメイアン（McMahon, O. M.）の技術論（表2-3を参照）にさえ利用者は登場しないのである。そうなると、援助者の枠組みからしかアセスメントやプランニングが行われない危険性が助長されることになるので、現実には、利用者中心の支援が実現するかどうかは、支援者の手腕にかかってしまうという「非科学的」な状況が起こっている。

(2) 価値と統合性のある技術

●科学的方法の排他性

利用者の固有世界（生活コスモス）[8]に迫るためには、本章の4-(1)でみる

ように、利用者の個別性や意味の多義性を尊重しつつ場を共有しながら理解を深めていくような実存的・現象学的な方法が不可欠である。しかし、このような方法は、前述したように、主観的でみんなが合意できるものではないという理由で、「科学的」な立場から閉め出され、支援者の「心構えや姿勢」としてかろうじてその命脈を保っている状況がある（ナラティブ・アプローチは、そのような傾向に反旗を翻しているが、科学的な立証にはあまり関心が高くないと感じられる）。

さらにいえば、利用者に理解できず実感もされないような高度に抽象的な理論やアルゴリズムを駆使した実証、あるいは「絶対的な正しさ」だけを追い続けるような「科学」を、利用者が求めているとは考えられない。そもそも支援の「科学化」は、援助者がひとりよがりな援助をしていたという病理モデルへの反省から、プロセスや成果をわかりやすく示し、利用者と分かち合えるものにしようとして提唱されたはずだからである。利用者とのあいだで理解を共有できないような「科学化」は、本末転倒というほかない。

● 実存性の思弁的な提示

このように、支援技術の科学化には、明晰さやわかりやすさが求められるが、利用者の実存世界を哲学的（思弁的）に表現したものは難解であり、その情報を利用者と共有するのがむずかしいという難点がある。それを克服するためのアイデアのひとつが、利用者の生活コスモスをビジュアル化[9]して、見て分かるようにすることである。

(3) 科学的な技術学習の方法

● 事実を意味のあるまとまりにするための枠組み

支援者には、現実にもとづいた利用者理解が求められる。そのためには、事実をありのまま記述する（見えないものを見ようとするのではなく、見えているものを見逃さない）訓練が必須である。

しかし、それだけでは、事実は無秩序な断片にすぎないので、記述されたものが利用者にとって役立つ情報となるためには、エビデンスを総合的にま

とめていくための知識の枠組みが必要である。

● 共感的理解の必要性とその限界

ところが、人間は、必ずしも科学的・客観的な事実にもとづいて生活しているわけではなく、自分が事実だと思っていることがらにしたがって生きている。そのため、支援者には、利用者の生活コスモスを利用者が見たり感じたりしているとおりに（実存的・現象学的に）共感できる能力も求められる。「正しいこと」だと理解できても「納得できない」ということは日常生活ではめずらしくないからである。

つまり、これら２つの理解は、そのどちらもが、他者と共有されなければ、ひとりよがりに陥ってしまうという限界を抱えているといえる。したがって、支援関係においては、これらの理解を利用者と支援者が共有していくための手段と技術がいちばん重視されるべきである。

以上が、本書で考察しようとしていることの素描である。

3　本書の立場

つぎに、本書の理論的な基礎となっているジェネラル・ソーシャルワークとエコシステム構想について概観し、そこから、ソーシャルワークの技術論をどのように構想すればよいのかを考えてみたい。

(1) ジェネラル・ソーシャルワーク

太田義弘は、「社会福祉」を、ハード福祉（制度・政策）とソフト福祉（ソーシャルワーク）に分け、この２つの関係を、つぎの３つに分類している。[10]

①不分・併合型　政策中心の発想であり、社会（福祉）制度の不備や貧しさ、不具合などをソーシャルワークに代替あるいは補完させるというもの

②分立・相補型　現在のわが国のあり方であり、制度・政策とソーシャ

ルワークが協力し補い合って生活を支援しようとするもの

③包括・統合型　制度・政策を、ソーシャルワークの側から包括・統合していこうとするもの

　本書の立場は、③の包括・統合型であり、このような生活者（利用者）の視点から、社会（福祉）制度の不備や貧しさ、不具合などを問い返すというフィードバック概念を中心として発想されたものが太田のジェネラル・ソーシャルワークである。[11]

　そして、このジェネラル・ソーシャルワークを、構成要素から説明したものが図1-1である。バートレット（Bartlett, H.）は、ソーシャルワークの構成要素を、価値、知識、インターベンションの3つから説明したが、「知識」には、理論（理解の枠組み）のほかに、方策（制度・政策）についての知識が含まれるため、わが国の社会福祉の現状に合わせて「方策」を知識から独立させ、価値、知識、方策、方法という4つから考えようというのである。[12]

　このジェネラル・ソーシャルワークは、「方法 method」のレベルで考え

図1-1　方法論：ソーシャルワークの構成概念

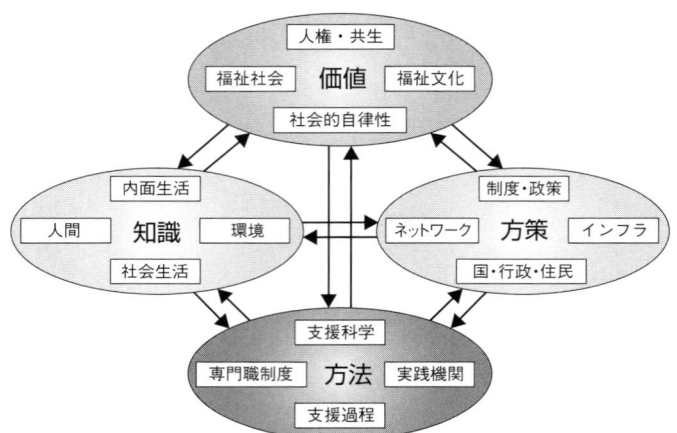

出典　太田義弘「ソーシャルワーク実践の仕組み」太田義弘・中村佐織・石倉宏和編著『ソーシャルワークと生活支援方法のトレーニング　利用者参加へのコンピュータ支援』中央法規出版、2005年、9頁

れば、ミクロ（対人支援技術）からマクロ（地域福祉計画や制度・政策）へ、あるいはマクロからミクロへと展開する壮大な循環システムとしてイメージされる。このようなシステム全体を考察することももちろん必要であるが、利用者中心の人間的な支援技術を考えるという目的からすれば、あまりにも壮大なビジョンになりすぎるので、本書では、図1−1で示した4つの構成要素のうち、「方法 way」の部分に焦点をあて、そのなかのミクロレベルの対人支援のための技術に考察の範囲を絞ることにしたい。

(2) エコシステム構想

　エコシステム構想は、このジェネラル・ソーシャルワークにもとづいて実際の支援を展開するための方法として考えられたものである[13]。詳しいことはⅡ−2−(3)で述べるが、その概略を、図1−2を参照しながらまとめてみると、つぎのようになるだろう。

①利用者理解の方法

　(a)生活の構成を理解するためのシステム思考と、(b)その生きた動態をとらえようとする生態学的視座の2つを軸にして、利用者の生活を理解しようとしている。

②支援ツール

　それを、たとえばレーザーチャートにしてみるなど、見てわかるようにするための工夫をし、利用者と支援者がそれを見ながら情報を共有したり、いっしょに考えたりできるような「支援ツール」（PC用のソフトウェア[14]）を開発している。

③参加と協働という発想

　そして、その支援ツールを媒介として活用しながら、利用者との協働で支援過程を展開していくためのアイデアを提案している。

　ソーシャルワークにおいて、「技術」は、価値と知識をうまく統合して支援に役立てるための能力として理解されている（Ⅱ−1−(2)を参照）。エコシ

図1-2 エコシステム構想の概念図

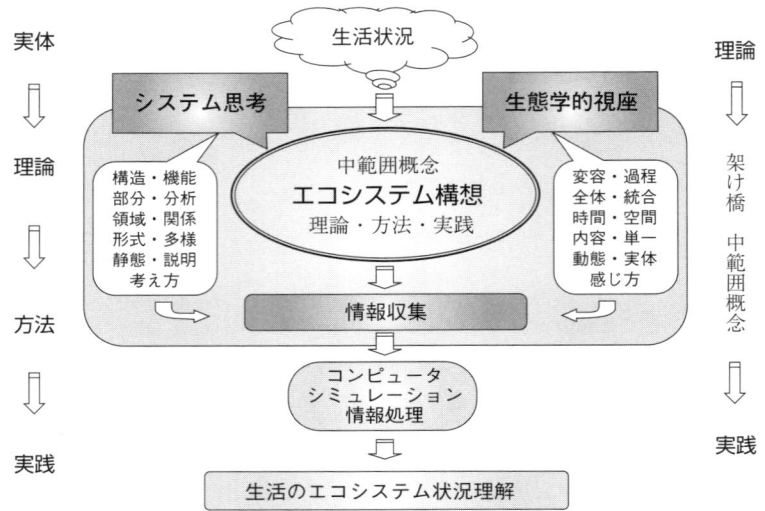

出典 太田義弘『実践・サービス・資源のフィードバックと統合化研究 人間・環境・生活過程の実証考察』科学研究費補助金研究成果報告書、2006年、33頁

ステム構想では、この「技術」を、勘や経験に頼るのではなく、科学的に（だれにでもわかるものとして）具体化するために、まず、(a)価値（生態学的視座）と知識（システム思考）の2つを軸にして「支援ツール」を設計し、つぎに、(b)それを媒介として参加と協働（実存性）が可能になるような支援のあり方を提案している。つまり、この2つを手段として、価値と知識を支援過程のなかで統合しようとしているのである。

(3) 本書における技術理解

このうち、(a)の支援ツールについては、太田が主宰する「エコシステム研究会」を中心に研究が積み重ねられてきていて、すでに何種類かのツールが開発されている。

しかし、(b)の支援のあり方については、アイデアとしてはあるものの、その具体的な内容は詳しく示されていない。そこで、本書では、対人支援にお

いて「参加と協働」を可能にするような具体的な手段を「技法」という用語で表現し、その体系化をめざしたい。

今まで述べてきた用語を整理すると、つぎのようにまとめることができる。

方法　価値と知識にもとづいた利用者理解のアイデア
技術　その理解を利用者と共有し、参加と協働を可能にするような支援のアイデア（支援ツールと、支援のあり方の２つが含まれる）
技法　そのアイデアを、対人支援において具体化するための手段

そのうえで、本書ではミクロレベルにおける対人支援の技術を、「知識（理論）、価値（目的）、方法（視座）、技法（手段）」という４つの要素から表現してみたい。これは、客観的現実を人間性に根ざした価値によって問い返すための理解の方法と、その具体的な支援技法という意味で、支援の手順として並べたものである（方法論〈methodology〉のレベルにおいては、重要な順番に、「価値、知識、方策、方法」と並べるのがふさわしい〈図１－１として示した方法論の構成を参照〉が、支援技術については、このような順序の方がわかりやすいのではないかと考えたからである）。

4　前提とする理論・枠組み

この節では、利用者中心の支援を実現するために参照した隣接領域の理論を紹介してみたい。

(1) 西洋科学の知と臨床の知

中村雄二郎によれば、ものごとを理解するための知の様式は、「西洋科学の知」と「臨床の知」の２つに分けることができる[15]。

　①一般に「科学的」と表現されるのは、「西洋科学の知」の方であり、普遍性、論理性、客観性（いつでも、どこでも、だれにでも、例外な

くそうだと合意される）という要件を満たした認識の方法である。

②他方、「臨床の知」の方は、コスモロジー、シンボリズム、パフォーマンスという特性をもち、「個々の場所や時間のなかで、対象の多義性を十分考慮に入れながら、それとの交流のなかで事象を捉える方法[16]」である。

　この中村の主張は、「主観的」すなわち不確かなものとして専門的な技術から閉め出されてきた認識の方法に、西洋科学と対峙しうるような科学性を認めようとする立場である。エコシステム構想は、システム思考と生態学的視座によって複眼的に利用者を理解していこうとする方法であるが、これを中村が述べる知の枠組みに当てはめれば、システム思考は西洋科学の知に、生態学的視座は臨床の知に対応していると考えられる。

　このことをふまえて、前節で述べた知識・価値・方法・技法の関係を図示してみると、図1-3のようになるだろう。

図1-3　ミクロレベルでの知識・価値・方法・技法の関係

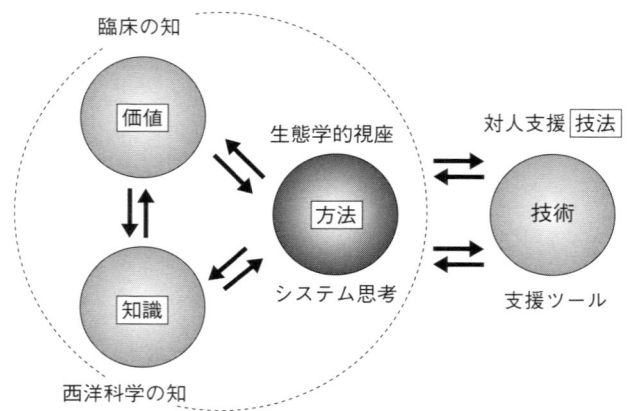

(2) 体験過程スケール

　では、臨床の知によって理解されたものを、どのような根拠から「確かだ」といえばよいのだろうか。本書においては、ジェンドリン（Gendlin,

E.T.）の体験過程理論をベースに池見陽らが日本語版を開発した「体験過程スケール」[17]を援用し、確かな実感が形成されたときの言語表現のパターンや身体的な変化（たとえば、「あっ」という表情をしたり、からだがリラックスするなど）を、臨床の知にもとづいた確かさの根拠としたい（詳しくはⅡ－4－(2)を参照）。

(3) ゲシュタルト療法

また、エコシステム構想のキーワードのひとつは「ビジュアル化」である。システム思考にもとづいたビジュアル化のツールとしては、エコマップやエコシステム構想にもとづいた教育支援ツールがすでに存在し、さまざまな実践支援ツールも現在開発中である。しかし、生態学的視座におけるビジュアル化については議論が尽くされているとはいえないのではないだろうか。そこで、本書においては、実存的・現象学的心理療法に分類されるパールズ（Perls, F.）のゲシュタルト療法[18]のチェアー・テクニック[19]が、そのようなビジュアル化に有効であることを指摘しておきたい（ゲシュタルト療法についてはⅣ－4－(1)を参照）。

これらのアイデアをもとにして、西洋科学的なものごとの再構成である「解釈」ではなく、比較・照合という手法を用いて、利用者が「実感」をともなって自己の生活を所有できるようになる「過程」を重視したいというのが、本書をつらぬく基本的なアイデアである。

5　考察の目的、方法

(1) 知識、価値、方法、技法の総合的な理解

ソーシャルワークの技術が、(a)知識（ライフモデル）と技法（インターベンション）の乖離や、(b)価値（利用者中心の支援）と方法（制度・サービスや援助者の枠組みにもとづいた援助）の乖離を、個人の能力によって統合す

ることを期待しているかぎり、ソーシャルワーク理論の発展も、現場における経験や技術の蓄積（理論へのフィードバック）も期待できない。現場での経験は刹那的であって、明確な理論にもとづいて体系化され吟味されなければ、ただの how to に終始してしまいがちだからである。

　ところが、わが国の社会福祉士の養成教育では、実習と演習、および理論の連携について「ことばのうえでは」触れられているが、どのようにすればそれが可能になるのかという「方法」は明らかにされていない。つまり、ソーシャルワークの技術がそうであるように、科目担当者の能力や技術に期待する以外に術はないのである。しかも、前述したように、社会福祉基礎構造改革にともなってソーシャルワークの機能のひとつにすぎないはずのケアマネジメントが大きく取りあげられ、養成教育においてもそれを重視するような流れがある（厚生労働省の指導要領などを参照）。そのため、ソーシャルワークとは何かという肝心な議論がなされないまま、制度の枠組みを資格制度や実践が後追いしていくという状況が、事態をどんどん深刻化させていると考えられる。

　本書では、このような事態に抗して、ソーシャルワークの固有性を主張し、制度やそれにもとづいた実践のあり方を問い返すための理論としてジェネラル・ソーシャルワークを位置づけたいと思う。そして、その実施方法であるエコシステム構想で活用できる技術を、具体的な技法の体系（知識）としてまとめることを目的としたい。それは、科学的な支援方法（支援科学）としてソーシャルワークのアイデンティティを明らかにすることでもあると考えるからである。

(2) ソーシャルワーク技術と教育の体系化

　社会福祉士の養成教育では、実践力をマスターさせるための機会として実習が重視されている。しかし、その指導要領においては、技術が、単なる態度や人間関係形成のための技法としてしか扱われていない現状がある。しかも、Ⅲで述べるように福祉サービスの商品化にともなって、現場では「利用

者中心」という価値がサービス提供の際の態度として理解されてしまう可能性が高くなっていると思われる。つまり、実習によって前述した価値と方法（実践）の乖離が、さらに助長されることも予想されるのである。

　価値をどのような方法で実現させていくのかという理論的な裏づけのない技術は、ソーシャルワーク固有のものとはいえない。したがって、本書では、利用者の実存性から発想し、利用者と支援者それぞれの主体性と責任性を重視した支援技術（参加と協働）へとつながっていくような技術の体系化（価値を実現するための技法を具体的に示すこと）が急務であると考えた。そのことが、制度や援助者の枠組みにもとづいた援助論に偏った現行の養成教育のあり方を問い直すことにもなると考えるからである。

(3) Human Criteria からのチャレンジ

　人間の生活には、強さと弱さ、健康と病気、自立（自律）と依存、豊かさ

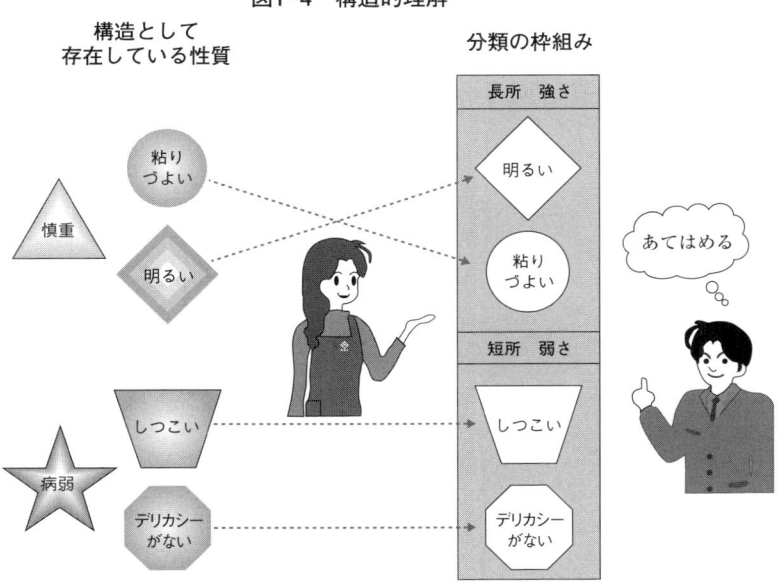

図1-4　構造的理解

※「慎重」と「病弱」には枠組みが存在しなかったので、取り残されている。
　共通の枠組みを用いれば、左の女性も、右の男性とおなじものを知覚する可能性が高い。

と貧しさ、生存充実感と生きがい喪失など、さまざまな二項対立が存在する。従来のソーシャルワークの理論や技術は、そのどちらかに偏って述べられがちであった。しかし、実際にはそのどちらもが人間の実存状況のはずである。

西洋科学の知においては、能力を「構造－機能」の枠組みから理解しようとする（図3－4を参照）が、たとえば強さは、認知のされ方によって弱さにもなり、その逆もありうる（表4－7を参照）。前者は構造的理解であり、後者は様式的理解（認識のあり方を理解すること）だということができる（図1－4および図1－5を参照）。このような人間の実存状況を顧みない今日のソーシャルワークに対する Human Criteria（人間性に根ざした価値理解）からのチャレンジとして本書を位置づけたい（Human Criteria についてはⅤ－5－(2)を参照）。

ソーシャルワークがめざす共生社会とは、各個人が自らの実感にもとづい

図1-5　様式的理解

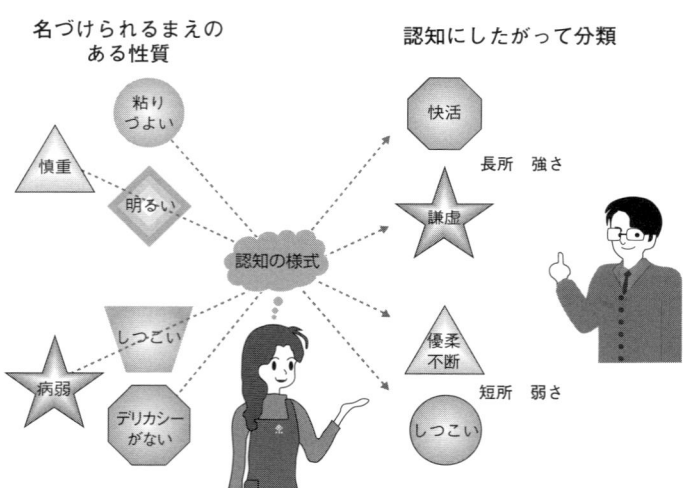

※この図の左の部分の性質は、名づけられるまえのある性質であるが、便宜的に「明るい」「しつこい」などと名づけてある。他の4つも同様。
「明るい」と「しつこい」は図（figure）になっていないが、代わりに「粘りづよい」が「しつこい」として認知されている。
右の男性は、左の女性とは異なったものを図にし、かつ、ちがったかたちで（たとえば「明るい」を「さわがしい」というふうに）認知する可能性がある。

て、それぞれにふさわしい場所や関係性を創造していくことから、次第にかたちづくられていくような社会のあり方やしくみなのではないだろうか。わが国では、自らが生きている状況や関係性といったコンテクストを工夫することによって、弱さや脆さを抱えたままでも生きていくことができる社会をめざす実践も、実際に生まれてきている（Ⅵを参照）。本書では、そのような実践を正当に評価できるような基準を提示することもめざしたいと考えている。

【注】
(1) skill の訳語を「技術」とする理由についてはⅡ－2－(1)を参照のこと。
(2) 久保紘章「社会福祉援助活動を支える諸理論」山崎美貴子・北川清一編著『社会福祉援助活動　転換期における専門職のあり方を問う』岩崎学術出版社、1998年、88-89頁。
(3) technique の訳語を「技法」とする理由についてはⅡ－2－(1)を参照のこと。
(4) 岡本民夫「専門援助技術をめぐるわが国および諸外国の動向と課題」岡本民夫監修、久保紘章・佐藤豊道・川延宗之編著『社会福祉援助技術論（上）』川島書店、2004年、294頁。
(5) 太田義弘「支援科学としてのソーシャルワーク実践と方法」『ソーシャルワーク研究』Vol.28、No.2、2002年、34-36頁。
(6) ティリッヒ「生きる勇気」『ティリッヒ著作集第9巻　存在と意味』大木英夫訳、白水社、1978年、136-137頁には、「かぎりなく具体的であるような現実に対してこのような（完全に客観的な認識の）方法を適用することは、きわめて不適切である。もしも人格的自己が計算や操作の事柄と化してしまうならば、それはもはや人格的自己であることをやめてしまう。……人格的自己が何かを知るためには、われわれはその自己に参与せねばならないのである。しかし参与することによって、われわれはそれに変化を加えている。あらゆる実存的認識においては、主観と客観の両方がそのまさに実存的認識の行為そのものによって変貌せしめられる。実存的認識は、そこにおいて何か新しい意味が創出されかつ承認されるところの出会いに基づいているのである」と述べられている（（　）内の語句は筆者が補った）。

　本書においては、「実存性」を、以上のようなティリッヒの見解にもとづいて理解したい。すなわち、実存性とは、主体的参与（ゲシュタルト療法の用語でいえば「コンタクト」）に対する責任性を意味するとともに、そのような参与によって主体と客体がともに変化し、そのなかで新しい意味を共有していくような関係性やプロセスのことであると考えたい。
(7) 西洋科学の知と臨床の知については、中村雄二郎『臨床の知とは何か』岩波新書、

1992年、129-136頁を参照。
(8) 太田義弘は、生活概念について「その人自身と環境とを含んだ生態的で多様なシステムからなる概念である。人間の生物学的な生命や生きる手だてになる経済関係はもちろんのこと、生きる意味を問う生活の質や生きがいから、日常生活の場面としての家庭や近隣・職場や学校・人との交わりや社会関係などから複合的に構成されている」と説明している（太田義弘・中村佐織・石倉宏和編著『ソーシャルワークと生活支援方法のトレーニング 利用者参加へのコンピュータ支援』中央法規出版、2005年、7頁）。そして、「利用者にとって生活とは、一つひとつの具体的な出来事の積み重ねからなる現実である。他者からは部分的にしか見えないが、独自の広がりや複雑な内容さらに独自の流れから秩序をもって構成されている概念である」（同書、7頁）と述べたうえで、「その固有な領域・関係・内容からなる世界を生活コスモスと呼んでいる」（同書、7頁）と解説している。これらのことから、前述した実存性とは、利用者の生活コスモスにかかわっていくときの支援関係の様式を表すものとして理解できると考えられる（図1－5を参照）。
(9) 太田義弘、前掲論文(5)、40頁。
(10) 太田義弘「社会福祉と社会福祉援助活動」福祉士養成講座編集委員会編『社会福祉援助技術論』中央法規出版、2003年、15-16頁。
(11) 太田義弘「ジェネラル・ソーシャルワークの基礎概念」太田義弘・秋山薊二編著『ジェネラル・ソーシャルワーク 社会福祉援助技術総論』光生館、1999年、9-42頁を参照。
(12) 太田義弘『ソーシャル・ワーク実践とエコシステム』誠信書房、1992年、116頁。
(13) 同書、88-89頁。
(14) 正式版は、太田義弘・中村佐織・石倉宏和編著、前掲書(8)に収録されている。
(15) 中村雄二郎、前掲書(7)、9頁。
(16) 同書、9頁。
(17) 池見陽編著『フォーカシングへの誘い 個人的成長と臨床に生かす「心の実感」』サイエンス社、1997年、15頁。
(18) たとえば、F・S・パールズ『ゲシュタルト療法 その理論と実際』倉戸ヨシヤ監訳、ナカニシヤ出版、1990年などを参照。
(19) 「空の椅子を使って、そこへイメージ上での他者や自己を座らせ、対話する方法」倉戸ヨシヤ編『ゲシュタルト療法〈現在のエスプリ375〉』至文堂、1998年、21頁。

II
価値に根ざした科学的な支援技術

1 はじめに

(1) 本章の問題意識

　ソーシャルワークの技術に関する研究は、北米やわが国において、ソーシャルワーク実践の体系的理解や、養成教育における標準化の必要性を契機として行われたものが多いと思われる。それは専門職としてのアイデンティティや資質についての研究であるともいえる。つまり技術研究とは、ソーシャルワークが実践を通して培ってきたことを、価値や知識としてどのように蓄積し、つぎの世代にどう伝えるかという専門職の存続にかかわる研究であり、きわめて重要なもののはずである。

　ところが、このところ多くなってきた社会福祉援助技術演習の講習会などに参加して感じるのは、技術を学んでもその背景にあるはずのソーシャルワークがみえてこない場合が少なくないことである。個々の技法がどういう理由で選択され何に役立つのかが説明されないまま、あるいはそもそもソーシャルワークとは何かが不問にされたまま、もし今、技法だけがひとり歩きしている状況が進行しているのだとすれば、それはきわめて深刻な事態である。

　また、社会福祉基礎構造改革にともなってソーシャルワークの機能のひとつにすぎないはずのケアマネジメントが大きく取りあげられたことや、社会福祉士の養成カリキュラムにおいて技術が態度や人間関係形成のための技法

としてしか扱われていないことも、ソーシャルワークがみえにくくなっている事態に拍車をかけているという疑念を拭いきれない。筆者が現場で働いていた頃の念願であった資格制度の制定以降、かえってソーシャルワークがどんどん痩せ細っていく様は、皮肉というにはあまりにも苦い現実である。

　したがって、本書においては、価値や知識と矛盾しない実践を行うことができる能力をソーシャルワーカー個人の属人的な資質に期待するようなブラックボックス的技術理解から脱却して、科学的な支援方法（支援科学）としてのソーシャルワークのアイデンティティを明らかにすることをめざしたい。

(2) 技術理解の概観

　一般にソーシャルワークは、価値、知識、方法という3つの構成要素から説明されることが多い[1]。このうち、知識を技術に関係したものに限定してみると、つぎの2つのグループに分けることができると思われる。

　①人間と社会に関する知識、ソーシャルワーク理論、それにもとづいた
　　ソーシャルワークの機能や役割などについての知識
　②応答の型（form）やそれぞれの局面における技法の選択基準など、知識
　　としてまとめられた技法

　しかし、意味するものが異なっていて、しかもそのあいだで乖離が問題になっているものを、ひとつのカテゴリーでまとめてしまうのは混乱のもとである。したがって、本書では、「知識」を、知識（理論）と技法（ミクロ領域における手段）の2つに分けて考えることにしたい。

　表2-1は、「技術」の定義を、平塚良子（2004）のレビューをもとにして[2]、年代順に、前述した知識、価値、方法、技法という4つのカテゴリーから整理したものである。

　これらの定義に共通しているのは、知識、価値、技法を利用者理解や実践のなかで矛盾なく統合していく支援者の能力として技術が理解されているこ

とである。このような定義が不適切なわけではないが、もしソーシャルワークの理論、価値、技法、「現場で期待される役割」などがそれぞれ乖離していた場合、それらの矛盾を解決し、ひとつの統合された専門的支援として実践をまとめあげるのは、ソーシャルワーカー個人の資質や能力だということになりはしないだろうか。つまり、属人的な勘や経験、熟練した技などに依拠しなければ、ソーシャルワークは専門的な支援として成立しえないことに

表2-1 技術の定義

研究者	知識	価値	方法	技法
リッチモンド(1899)(出典1)		コモンセンス	生活の諸事実とのかかわりのなかで作用するもの	
AASW(1929)(出典2)	知識	目標		目標に向けて知識と価値を創造的に活用する能力
ベーム(1958, 1959)(出典3)	知識の意識的な選択	諸価値と知識との融合(連合)		合理的な活動のなかでの統合的表現
ルイス(1976)(出典4)	理論	倫理的義務	行為のなかに観察されるもの	行為としてのデザインスタイルという独自の専門職とエージェンシー
シュルマン(1979)(出典5)				援助目的遂行のために用いられる行動
NASW(1981)(出典6)	知識	価値	知識と価値観の適用	
ミドルマンとウッド(1990)(出典7)	方法の理解	価値		目的と価値を表現するための方法方法のなかで技術を活用する卓越性
奥田いさよ(1992)(出典8)				対人援助の共通基盤となる技能機能的特性にそった技能の選択と活用
平塚良子(2004)(出典9)			事象の認知・認識能力	知識的技術=テクニカル・スキル(熟練した技)価値実現に向けての援助行為への変換推進能力

(注) 下線部分はアートに関する記述である。

出典 1　Richmond, M., Friendry Visiting Among The Poor : *A Handbook for Charity Workers,* The Macmillan Co., 1899, p.187.
　　　2　*Social Case Work : Generic and Specific : A Report of The Milford Conference,* American Association of Social Workers, 1929, p.29.
　　　3　Boehm, W. W., "The Nature of Social Work," *Social Work,* 3-2, 1958, p.11.
　　　4　Lewis, H., "the Structure of Professional Skill," in Ross, B. and Kiihinduka, S. K., ed., *Social Work Practice : Fourth NASW Symposium,* National Association of Social Workers Inc. 1979.
　　　5　Shulman, L., *The Skills of Helping : Individuals and Groups,* F. E. Peacock Publishers Inc., 1979, p.4.
　　　6　全米ソーシャルワーカー協会『ソーシャルワーク実務基準および業務指針』仲村優一監訳・日本ソーシャルワーカー協会訳、相川書房、1997年、34頁
　　　7　Middleman, R. R. and Wood, G. G., *Skills for Direct Practice in Social Work,* Columbia University Press, 1990, p.6.
　　　8　奥田いさよ『社会福祉専門職性の研究　ソーシャルワーク史からのアプローチ・わが国での定着化をめざして』川島書店、1992年、214頁
　　　9　平塚良子「ソーシャルワークにおけるスキルの意味」岡本民夫・平塚良子編著『ソーシャルワークの技能　その概念と実践』ミネルヴァ書房、2004年、10-11頁

なってしまうのである。

このことを図にすると、図2−1のようになる。

図2-1　ブリコラージュ的な技術理解

このように考えていくと、方法論において技術はきわめて重要なものであるにもかかわらず、理論的にはブラックボックスのような扱いしかされてこなかったといえるだろう。

(3) アート概念と技術

ソーシャルワークにおいて、技術と類似したアイデアには、「アート」という概念がある。この項では、この2つを比較しながら、技術論における位置づけを明らかにしていきたい。

秋山薊二は、直接ソーシャルワークを視野に入れたものではないと断りながらも、アートをつぎにように定義している。

> アートとは、経験、思考、エネルギー、目的などによって培われた緻密性、感性、美感を通じて、人間に内在する価値を具体化する創造的産物と行為である[3]。

他方、技術について、太田義弘が「語源から認識や識別力（discernment）

さらに特質の発見（distinction）という意味で、目的に対する価値の発見と価値認識の過程を意味している」と述べている。

　これらのことから、技術とアートは、どちらも人間に内在する価値をみつけだすための認識概念（方法）を含んでいる点では共通していると考えられる。ただ、アートにおいては、価値を具体化（創造）するための手段（技法）やその選択基準を、「感性」という側面から理解しようとするため、技法の使いこなしにみられるその人なりのスタイルやセンスにウエイトが置かれてしまう。他方、技術の場合は、価値認識（気づきや発見）のプロセスが重視されるものの、前述したように、そのプロセスは、「勘や経験」として、その方法は「熟練した技」としてブリコラージュ的にしか示されていなかった。つまり、この２つの概念は、価値認識のプロセスやその実現手段の選択において、それぞれ「アート－感性」、「技術－勘と経験・熟練」、というブラックボックスを抱えているため、現状のままでは、その差異を説明することは困難である。

　前述したように、技術の課題は、知識（理論）との整合性にあった。そのためには、(a)価値を認識する感性やプロセス（方法）と、(b)価値実現のための技法の選択基準を説明し、それをもとにして(c)技法の体系をソーシャルワーク理論のなかに位置づけることが必要になる。そこで、本書においては、アートの内容について、(a)知識と整合性をもち、(b)価値との統合性を備え、かつ(c)方法との相関が明らかなソーシャルワークの技法の体系（知識）として再構成したものを技術と理解しておきたい。このことを図にしたものが、図２－２である。

　つまり、価値や技法ではなく、知識の側面にウエイトを置いて技術を理解したいのである。このようにしてまとめられた技法は、ブリコラージュ的な方法に拠らなくても伝達や訓練が可能になり、ソーシャルワークを科学的な支援方法として主張するための根拠となりうると考えるからである。本書では、これを「テクニカル・スキル（technical skills）」と呼ぶことにしたい。

図2-2 アートと技術の関係

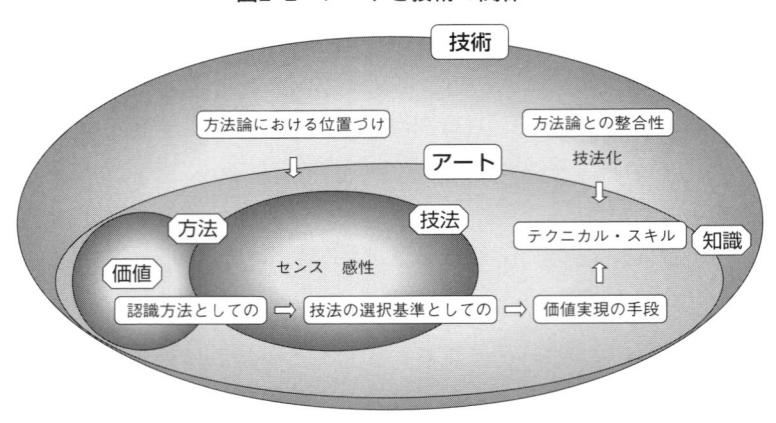

[図：技術という大きな楕円の中にアートの楕円があり、その中に「方法（価値：認識方法としての）」「センス 感性（技法の選択基準としての）」「技法（価値実現の手段）」が配置されている。外側には「方法論における位置づけ」「方法論との整合性」「技法化」「テクニカル・スキル」「知識」のラベルが示されている。]

　ここで示した課題をまとめてみると、表2-2のようになるだろう。

　本章の構成として、まず、ソーシャルワーク理論における技術の位置づけについて、次項の「知識との整合性」で考察しておきたい。そして、それをふまえて、「認識」概念については「価値との統合性」のところで、それらを実現するためのテクニカル・スキルについては「支援科学としての方法と技法」のところでそれぞれ検討することにしたい。

表2-2　アートと技術の比較

	価値（認識）	方法（技法の選択基準）	技法（使いこなし）
アート	感性　センス	スタイル	
課題	(a)知識との整合性	(b)価値との統合性	(c)知識として体系化された技法
技術	勘と経験	熟練した技	

2　知識との整合性

(1) 用語の整理

　技術について考えるまえに、skill の訳語を統一しておく必要がある。skill を日本語で表記する場合、「技術」（太田義弘、秋山薊二[5]など）と「技能」（奥田いさよ[7]、平塚良子[8]など）の2通りがあって、統一されていないからである。

しかも、平塚の場合、technique の訳語として「技術」が用いられているので、技術という文字をみただけでは、どちらを意味しているのかわからない。このような状況は、技術概念の混乱の一因ともなっている。そこで、つぎの3点を訳語選択の基準として提案したい。

①社会福祉士の資格制度にともなって、その養成カリキュラムが作られた際、ソーシャルワークに相当するものとして「社会福祉援助技術」という科目名称が採用された。この名称の是非はともかくとして、もうすでに20年近く用いられていることを考慮すると、ある程度普及していると考えざるをえない。つまり、technique の訳語として「技術」を用いるとすれば、ソーシャルワークは支援のための単なるテクニックだということになってしまう。改めて述べるまでもなくソーシャルワークは単なるテクニックではない。

②技術と関連の深い art の訳語のひとつに「技術」があることである。前述したように、人間に内在する価値を見つけだすための枠組みと方法という意味も含めて技術を考えるのであれば、その訳語も「技術」の方がふさわしいと考えられる。

③ソーシャルワークの関連領域である心理療法においては、technique を表すものとして一般に「技法」という用語が用いられている。ソーシャルワークで用いられるテクニック、とくに直接的な対人支援の場面におけるものは、心理療法のそれとほとんどおなじといってよい。他職種との連携を考慮すれば、technique の訳語は「技法」の方が適当であると思われる。

本書では、これらのことをふまえて、太田や秋山にならって、skill を指すものとして「技術」を、technique を意味するものとして「技法」を用いることにしたい。

(2) 技術の内容

表2-3は、マクメイアンによる生態学的視座にもとづいた技術の内容を示したものである。

これをみると、関係をもち、アセスメントを行い、マクロの領域にかかわっていく、これらの主語を支援者に置き換えても通用してしまうことがわかる。技術の内容が、必然的に利用者中心の支援に結びつくように構成されているわけではなく、支援者側の論理で用いられることをも、そのままで許容するような枠組みになっていることを指摘したいのである（図5-2を参照）。

この傾向は、マクメイアンだけのものではなく、前述の表2-1であげた研究者の多くにみられるものである。

このようなかたちで技術の内容を提示してしまうと、ニュートラルな（利用者中心にも支援者中心にも活用することが可能な）技法を、ソーシャルワークの価値に照らして「利用者中心のものとして」使いこなしていくという属人的な「熟練」に技術の核心を求めざるをえない。

表2-3 マクメイアンによる技術の内容

ジェネラルなソーシャルワーク		
人	と（相互作用）	環　境
関係技術 ・傾聴の技術 ・応答の技術 ・感受性の技術 ・解釈の技術 ・明確化の技術 ・情報提供の技術 ・照会・送致の技術	問題解決技術 ・問題特定の技術 ・情報収集の技術 ・アセスメントの技術 ・目標設定の技術 ・計画化の技術 ・課題設定の技術 ・行動（インターベンション）選択と遂行の技術 ・評価の技術 ・終結の技術 <u>専門職技術</u> ・記録技術 ・調査技術 ・時間管理技術 ・チームワーク技術	政治的技術 ・弁護・擁護の技術 ・法的措置の技術 ・証明の技術 ・取り引きの技術 ・組織化の技術 ・公表の技術 ・デモンストレーションの技術

出典　太田義弘・秋山薊二編著『ジェネラル・ソーシャルワーク　社会福祉援助技術総論』光生館、1999年、79頁。原典はMcMahon, O. M., *The General Method of Social Work Practice* (3rd ed.), Alley & Bacon, 1996, p14.

そこで、次項以降で、個々の技法の裏づけとなっている価値と理論のつながり（関係）を明らかにし、それをふまえて、ソーシャルワーカーの資質（使いこなし）に期待しなくてもそれだけで利用者と支援者の協働というコンテクストが作られていくような技法群について考察することにしたい。

(3) エコシステム構想と支援概念

　太田は、価値・知識・方策・方法という4つの構成要素からなるジェネラル・ソーシャルワークを基盤として、理論と実践をつなぐための中範囲概念としてエコシステム構想を提唱している（図1-2を参照）。この構想では、利用者の生活をつぎの2つの側面から理解しようとする。

　①システム思考：生活の広がりあるいは空間をシステムという思考方法を用いて、構造的に分析し、その分析した仕組みが相互にかかわり働く関係を、機能として分析[9]
　②生態学的視座：生活という営みを、人間と環境とがかかわりあう生きた生活の流れあるいは時間と、それが生み出す、変化や成長の過程として生態学的に理解[10]

　利用者の生活は、当事者である利用者には具体的な現実である。しかし、この具体的な事実から構成されているはずの生活を他者が把握したり理解することは簡単ではない。その理由のひとつは、生活のなかの具体的な事実が人それぞれであることに加えて、それらの事実をどのようにとらえるかという利用者の価値意識や認識の仕方もまた、それぞれに異なっているからである（図1-5を参照）。太田は、このような利用者それぞれに固有な生活認識を「生活コスモス」と名づけ、「ソーシャルワークの科学性・専門性とは、実存性を原点にした大前提から成り立っている[11]」と指摘している。

　これらのことをふまえて考えてみると、利用者の生きている世界、あるいは支援の場は、システム思考（科学的思考）によって「構造－機能」として

とらえられる客観的現実と、生態学的視座によって理解される利用者の実存状況である生活コスモスというまったく異なった2つの世界（コスモス）または原理から構成されている。したがって、理論と実践、あるいは理論と価値の乖離とは、「科学的」方法と実存的・現象学的理解とがその関係性を明示されないまま、それぞれ単独で提示されている現状について述べられたものだと考えることが可能である。技術についていえば、もともと相容れない2つのものをひとつの原理によって統合しようとしたところに無理があったといえるのではないだろうか。

　支援概念の特徴は、このような2つの世界の存在をあらかじめ前提としたうえで、支援のプロセスのなかで利用者と支援者が協働して、どちらの原理をも満足させるようなまとまりのある全体（ゲシュタルト）を作りあげていこうとするところにあると考えられる。

3　価値との統合性

(1) ソーシャルワークの価値と「臨床の知」

　表2-4は、ソーシャルワークの価値としてよくあげられているものを、中村雄二郎が示した西洋科学の知と臨床の知(12)という2つの視座にあてはめてみたものである。

　この表をみると、ソーシャルワークの価値の多くが、「臨床の知」として分類できることがわかる。たとえば、個別化とは、(a)個人の固有の価値を絶対化すること（固有世界）である。(b)それはひろく社会全体から見れば、個人の価値の相対化（多義性）につながる（図6-1を参照）。たとえば、室温を25℃に設定した場合、それを快適だという人、暑いと思う人、寒いと感じる人などがいて、全員を100％満足させる（絶対化する）ことは不可能である。そのような状況で、他者との関係を無視して、それぞれが自分の要望を100％実現させようとすれば、結局は、ある特定の人の意見が強要され、「わたしはOKだが、あなたはOKではない」あるいは「あなたはOKだが、わ

Ⅱ　価値に根ざした科学的な支援技術

たしはOKではない」という結果しか生まれない。あるいは、みんながいがみあい「わたしもOKではないし、あなたもOKではない」という破滅的な結果に至る場合も考えられる。したがって、実際には、他者との関係を考慮しながら、全員がおなじように（相対的に）尊重されるような方法（納得のうえで譲りあえるようなルール）を考えていくことでしか「わたしもOK、あなたもOK」という関係は生まれてこない。つまり、表2-4にある「共生」とは、それぞれの存在価値やその社会で信じられている思想や価値観などが相対化された社会だといえるだろう。この文脈で考えれば、ソーシャルワークにおける自己実現は、利用者が、この社会のなかで、ニッチ（適所、役割、存在意義など）を見つけだし、他の人々と共有できる方法を創造していく営みのなかにみることができるのではないだろうか。

　エンパワメント、ノーマライゼーションといった価値も、そのような相対世界を志向しているはずである。そして、その実現のためには、(c)利用者と支援者がおたがいの主体性と責任性にもとづいて協働するという関係性また

表2-4　知の様式からみたソーシャルワークの焦点

知の様式 (西洋科学の知／臨床の知)	ジェネラルな ソーシャルワーク	エコシステム構想	Human Criteria (人間性に根ざした価値理解)
普遍性	人と環境との交互作用という視座	共通の支援ツールを用いた生活理解	私という現象は関係性そのものであるという存在様式（関係性を生きている）
コスモロジー (固有世界)	個別化 人間の尊厳 エンパワメント	生活コスモス 個における絶対化　独自性 実存的・現象学的理解	当事者性 コンタクト
論理性	システム思考 モデル、アプローチによる説明 構造的理解 (身体・精神・社会)	支援ツールにおける理論との整合性 実感、気づき	様式 物語、コンテクスト、合点
シンボリズム (事物の多義性)	生態学における複眼的視座 社会正義　社会的弁護 ノーマライゼーション	協働による相対化　共生 過程　変化	弱さ、脆さ 両義性　図地反転
客観性	情報収集　エビデンス 技術の標準化	支援ツールによる構造-機能的分析と客観的事実の提示	観察 具体的な事実にもとづいて体験にかかわっていくこと
パフォーマンス (身体性をそなえた行為)	属人的(アート、技術) 自己決定 自己実現　社会的自律性	参加と協働 支援　主体性　責任性 相互主観的　共有	生きられたリアリティ 体験過程(主観性の確かさの基準) 支援者と利用者という不完全な人間同士の協働 限界性　受動性 スピリチュアルな次元

□の部分が臨床の知

は相互変容過程（パフォーマンス）が必要である。このアイデアは、ジャーメイン（Germain, C. B.）の「交互作用 transaction[13]」という概念ともマッチすると考えられる。本書のテーマである支援者の技術も、一般的には属人的なものとして理解されているので、ここに分類すべきだろう。つまり、価値と矛盾しない実践とは、じつは臨床の知に立脚したものだと考えられるのである（表2-4のHuman Criteriaについては3-(3)で詳述する）。

しかし、もう一方で、ソーシャルワークが専門職であるかぎり、西洋科学が要求する科学性の基準をも満たさなければならない。つまり、ソーシャルワーク実践は、臨床の知と西洋科学の知の両方に立脚してはじめて成り立つ専門職であることを指摘できる。

このことから、(a)西洋科学の知と臨床の知が支援場面でどのようにかかわりあうのかを示すこと、(b)臨床の知における「確かさ」の基準を西洋科学の（科学的な）方法・手続きで示すこと、の2つがつぎの課題になる。

(2) 支援科学としてのソーシャルワークの特性

ソーシャルワークの出発点は、ひとりひとりの人間の生活である。エコシステム構想にもとづけば、利用者の生活コスモスにおける変化こそがソーシャルワークのめざすものである。それを価値として表現すれば、前述したように、それぞれの利用者が絶対的に尊重されること（個別化）を通して、おたがいの価値が相対化された相互変容をともなう関係性（共生社会）の実現ということになるだろう。

もし、そうだとすれば、ソーシャルワークにおける技術とは、臨床の知（コスモロジー、シンボリズム、パフォーマンス）にもとづいて西洋科学の知を問い返すという構造をもっているといえるのではないだろうか。このことから、ソーシャルワークの支援科学としての特性を、「西洋科学の知を臨床の知を用いて相対化していくプロセスにある」と指摘することができるだろう。つまり利用者の実感を拠り所とした環境へのフィードバックのプロセスを解明することこそが、ソーシャルワークの科学化につながると考えられる

のである。

　では、そのような科学化は、どのようにすれば可能になるだろうか。ここでは、つぎの2つのアイデアをあげておきたい。

　ひとつは、利用者と支援者のあいだで育まれた共同主観性（おなじ主観的内容を、両者が分かちあうこと）に着目することである。そうだと感じる人（主観）の数が増えれば増えるほど、それはより「客観的」なものになるので、共同主観性と客観性とはおなじベクトル上にあると考えられるからである。

　もうひとつは、体験がどのようにして実感に変わっていくのかというプロセスと、その実感を「確かなもの」だと主張するための方法を見つけだすことである。そうすれば、従来「感性」（アート）や「勘・経験」（技術）と呼ばれていたプロセスをある程度説明することができるようになるだろう。

(3) 新しい価値基準としての Human Criteria

　支援科学としてのソーシャルワークのオリエンテーション（めざす方向）が、西洋科学の知を個人の実感にもとづいた臨床の知からとらえ返すことにあるとすれば、そのことによって新しく生まれてくる価値はきわめて個人的なものではあるが、その個人にとってはかけがえのないものだということになる（絶対化）。このようにして生まれてくる価値を Human Criteria と呼んでみたい。つまり、Human Criteria とは、臨床の知（ソーシャルワークの価値）から西洋科学の知（既存の価値や社会のあり方）を問い返すことによって個人のなかに個別的に生まれてくる実感としての価値基準のことである。

　支援が相対世界をめざすのであれば、支援関係は不完全な人間同士の協働として理解されることになる。ソーシャルワーク実践は社会制度として機能している側面もあるので、その支援構造は利用者が生きている現実のシミュレーションとして理解することもできる。そのような関係のなかから生まれてくる新しい価値は、他者からの理解が不可能なわけではなく、十分にうなずけるものであり、実存的にはある程度の普遍性をもっていると考えられる。このような価値が生まれてくるプロセスは、ゲシュタルト療法の用語でいえ

ば、自由に「図地反転」（Ⅳ－5－(1)を参照）させることができる力であり、それを起点として利用者は環境とのコンタクトを図ることになる。これは、神谷美恵子がその著書『生きがいについて』のなかで「価値変革体験」[14]として述べたこととも通底したアイデアだと考えられる。

　したがって、主観の確かさを科学的に示すことができる指標を提示することによって、このような個別的な価値をソーシャルワークのなかに位置づけていくことが可能になるだろう。

4　支援科学としての方法と技法

(1) ソーシャルワークにおける「認識」の検討

　本節では、個別的な生活コスモスが西洋科学の知と対峙しうるような「知」としての「確かさ」をもつための条件について、方法や技法と関連づけて考察してみたい。

　平塚良子[15]は、技術としての認識について、以下に引用したような三層構造から説明している。

　　①認知スキル
　　　一般的認知は、ある対象への直感や五感を通しての知覚である。
　　　専門的認知は、物事一般に関する自己の学習経験知や専門職としての学習経験知、実践的な経験知を直感的に呼び覚ますタイプの認知で、論理的に明確な推理や判断が必ずしも下されない段階のものである。むしろ専門家の勘や嗅覚といえる。
　　②認識スキル
　　　これを抜けたところで、自己に蓄積されている科学知識を意識的に動員させることになる。この段階においては、知覚した対象は介入の対象として明確な意味をもちはじめ、実践の基本デザインを描くことになる。
　　③行為変換スキル

描かれたそれは、実行段階において行為変換スキルとして機能する。

平塚は、この3つの層において「各層の機能は可逆的でもある⁽¹⁶⁾」と述べているが、実際には、逆方向の認知は、認知の種類としてはまったく別のものであると考えられる。平塚が示しているものは論理的・客観的認知（一般的な科学的認知）であり、逆方向の認識は、現象学的認識である。この2つをおなじ土俵で論じることは不可能であることを、まず指摘しておきたい。

西洋科学の知からみれば、臨床の知すなわち実存的・現象学的な生活コスモスへのかかわりは抽象的な理念やフィロソフィーとしかみえない。それをもし平塚のように「勘や嗅覚」と呼ばざるをえないとすれば、そこに西洋科学的方法のみにこだわったソーシャルワークの限界があることになる。つまり、実存的な世界へのかかわりをソーシャルワーク理論のなかに価値やアートとしてしか位置づけることができなかったところに、技術をブラックボックス化させた原因のひとつがあるということもできるだろう。ソーシャルワークの知そのものを科学的に構築することではなく、前述したように、アートと呼ばれる知を構築していくプロセスをこそ科学化しなければならないのではないだろうか。そのためには、臨床の知を実存的・現象学的理解としてソーシャルワーク理論のなかに組み込む（2つの知の関係性を明示する）ことが求められるだろう。そうすることによって、ポスト・モダンの枠組みをもったナラティブ・アプローチやソリューション・フォーカスト・アプローチなどをソーシャルワーク理論のなかに体系的に位置づけることも可能になると考えられる。これらのことを、前述した表2-2にあてはめてみたものが表2-5である。

表2-5　アートと技術への科学的アプローチ

	価値（認識）	方法（技法の選択基準）	技法（使いこなし）
アート	感性　センス	スタイル	
アプローチ	体験過程の意識化	実感による生活や環境の問い返し	ソリューション・フォーカスト・アプローチ
技術	勘と経験	熟練した技	

(2) 実感の形成を支援するための技法

池見陽らは、ジェンドリンの「体験過程」という概念をふまえて、実存的・現象学的な認識の確かさの基準として「体験過程スケール」を提唱している（表2-6を参照）。

このスケールにおいて、いちばんのポイントとなるのは段階3から4への変化である。自分の感情を表現することよりも、自分の感情について思いを巡らせ、「あっ、そうだ」と実感できるようなことばを探求していくプロセ

表2-6　体験過程スケール（EXPスケール）の評定基準早見表

段階	評定基準の概要［例文］〈説明〉
1	◆自己関与が見られない。話は自己関与がない外的事象。 ［今日の降水確率は10％です。］
2	◆自己関与がある外的事象。◆～と思う、と考えるなどの感情を伴わない抽象的発言。 ［今朝新聞を見たら〈本人が見たので自己関与〉降水確率が70％でした。雨がよく降るなぁと思いました。］ 〈～と思う、などの抽象的発言で感じに触れない〉
3	◆感情が表明されるが、それは外界への反応として語られ、状況に規定されている。 ［雨ばかりだと、イヤですね。］ 〈イヤという感情表現は雨に限定されている〉
4	◆感情は豊かに表現され、主題は外界よりも本人の感じ方や内面。 ［その仕事のことを考えると、胸が重い感じがする。何か角ばったような…堅苦しい感じです。］ 〈感情は豊かに表現され、主題は仕事よりも、受けとめ方〉
5	◆感情が表現されたうえで、自己吟味、問題提起、仮説提起などが見られる。◆探索的な話し方が特徴である。 ［堅苦しいのが好きになれないのかなぁ。…いや…堅苦しさに「はめられる」のを嫌っているのかなぁ。］ 〈「～かなぁ」という仮説〉
6	◆気持ちの背後にある前概念的な体験から、新しい側面への気づきが展開される。 ◆生き生きとした、自信をもった話し方や笑いなどが見られる。 ［あれ？　ああそうだ、ぼくは女房の病気のことを心配しているんじゃないんだ…心配しているんだと、そう思っていたけど、ああそうだ、それよりも「病院へ行け」というのに、行こうとしない女房に腹が立っているんだ！　ああ、本当はそうだ、腹が立ってるんですよ（笑い）。このところ、ずっと重たい感じだったのは、心配じゃなくて、腹が立ってたんですよね。］ 〈新しい側面への気づき〉
7	◆気づきが応用され、人生のさまざまな局面に応用され、発展する。 ［夢の中の女性みたいに、もっと「気楽に」生きれたらいいんだ。気楽さがなかったんだ。全然。自分の中の気楽さを殺してきた、というか、ここに来てから「大変だ」と思っていたから、（笑い）酒とタバコやめたりして、そういえば毎日、強迫的に予定をつくって自分をカンジガラメにしたりして、そうそう…大学院に入ったときも、同じようなことをしてたし、…ああ、ストレスを感じると、いつもそうしているみたい…配属されたときも、あのときも、自分で自分をガンジガラメにしてたんですよ…］ 〈気づきが応用されていく〉

出典　池見陽編著『フォーカシングへの誘い　個人的成長と臨床に生かす「心の実感」』サイエンス社、1997年、15頁

Ⅱ　価値に根ざした科学的な支援技術

スこそが重視されているのである。そして、池見によれば、そのようなことばがみつかったとき、表情が変化したり、身体がリラックスすることが科学的に証明されている。[17]

(3) 協働のコンテクストを作りだすための技法

　ソリューション・フォーカスト・アプローチは、特定の理論にもとづいた技法ではないが、支援者がその技法を用いることで、利用者が自ら解決のコンテクストを作りだしていけるように考えられた技法群である。バイステックの原則をふまえて、望ましい人間関係を形成し、そのうえでエンゲージメントを行うという方法も不適切ではないが、ソリューション・フォーカスト・アプローチにおいては、ブリコラージュのような属人的な技術が求められていないところにその特徴があると考えられる。

　また、ソリューション・フォーカスト・アプローチはナラティヴ・アプローチのひとつとして位置づけられているところから、実存的・現象学的なアプローチとも共通の視座をもっていると考えられる。したがって、エコシステム構想においても、このアプローチの会話の型を援用することによって、「協働」の具体化（技法化）が図られるし、ソリューション・フォーカスト・アプローチからみれば、その理論的な位置づけが明確になるのではないだろうか。

　たとえば、「どのようなことでお困りですか」よりも「なにかお手伝いできることがありますか」の方が利用者の主体性が保持できるし、「どの程度お困りですか」よりも「困っているという程度は10点満点で何点ですか」や「それを1点減らすためには、なにがどう変わればいいですか」の方がより具体的に解決の方法を利用者の生活コスモスにもとづいて模索できるだろう（詳しくは表5－10を参照）。

5　支援科学における技術の再構成

(1) 技術の定義

以上のことをふまえて、支援科学としてのソーシャルワークの技術をつぎのように定義しておきたい。

ソーシャルワークの技術とは、ソーシャルワーカーが、応答の型（form）や局面における選択基準といった技法の用い方についての知識と、利用者の実感形成を促進したり、協働で課題解決に向かうためのコンテクストを作りだすための技法を活用し、利用者自身が、システム思考にもとづいて分析・理解された現実の生活を、主観的確かさに裏づけられた実感にもとづいて相対化し、自分にふさわしいと実感できる生活のあり方をめざした課題解決への取り組みを、ソーシャルワーカーと共有・協働できるような関係性を創造していく能力（ability）である。

これを概念図にしたものが、図2-3である。
この図における「知識1」は従来からのものであるが、「知識2」と「知識3」はこれまでブラックボックス扱いされていた価値を具体化するために新たに付け加えられたものである。知識2は利用者の実存性にかかわっていくためのもの、知識3は利用者の主体性や協働を促進するためにソリューション・フォーカスト・アプローチで用いられる技法を中心にまとめられた知識としての技法群（technical skills）である。この図においては、技術は、ソーシャルワーカーに属するものとしてではなく、利用者と支援者とがそれぞれ主体性と責任性をもって協働作業ができる場を用意し促進するための技法群として理解されている。

これを受けて、支援場面においてどのような協働が行われているのかをビジュアル化したものが図2-4である（本来の支援関係にはもっとさまざまな要因があり、それぞれの関係性も複雑であるが、理解を容易にするために、

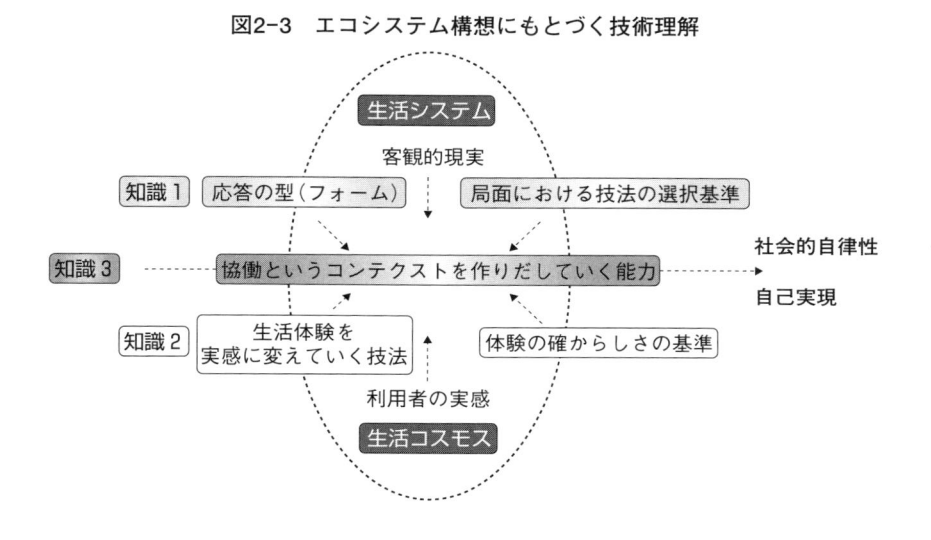

Ⅱ　価値に根ざした科学的な支援技術

図2-3　エコシステム構想にもとづく技術理解

図2-4　支援場面における技術の位置づけ

あえて図式化、簡略化している)。

(2) 支援における技術の内容

表2-7は、前述したマクメイアンのもの (表2-3) をもとにして、エコシステム構想における技術をまとめたものである。

マクメイアンのものが「人-環境」とその相互作用という枠組みから内容が構成されていたのに対して、利用者と支援者の支援関係を軸にして協働で環境に働きかけるという構造になっているところがこの表の特徴である。したがって支援者側の技術だけでは表は完結できず、利用者の主体性や責任性が必然的に含まれることになった。前述したように、支援過程とは、所与の環境を個の実感にもとづいてフィードバックしていく過程を促進し、互恵的な関係を回復または樹立する(利用者にとってのニッチに作り替えていく)ための技術であると理解できるからである。

表2-7 エコシステム構想における技術の内容

関係技術			
コミュニケーションの技法・態度			
エコシステム構想			
利用者(生活コスモス)	と(支援関係)	支援者(客観的事実)	環　境
<u>実感を形成する技術</u> 利用者の内的準拠枠からの共感的理解 (実存的・現象学的理解) ・利用者の実感形成を促進する技術 ・主観の確かさ	<u>支援関係形成の技術</u> 生活コスモスの情報収集とアセスメント (問題状況理解への支援) ・協働のコンテクストを創造するための技法 ・協働のコンテクストを妨げる要因への対処	<u>問題解決技術</u> (1)支援者の枠組みにもとづいた情報収集とアセスメント (2)場面展開の技術 ・個々のセッションのマネジメント ・局面展開の技術	<u>フィードバックの技術</u> 社会生活の場への働きかけ
利用者の主体性・責任性		業務としての技術	
社会的自律性 自己実現	利用者によるサービスのマネジメント ・方法レパートリーの活用 利用者と支援者の両方が尊重される関係性	<u>専門職技術</u> (3)記録技術 (4)調査技術 (5)時間管理技術 (日常業務の管理) (6)チームワーク技術 ・施設・機関内でのネットワーク ・他の施設・機関との協働	<u>政治的技術</u> ・弁護・擁護の技術 ・法的措置の技術 ・証明の技術 ・取り引きの技術 ・組織化の技術 ・公表の技術 ・デモンストレーションの技術

(3) 技術の科学化

　技術とは価値と知識を実践に矛盾なく適用できる能力であり、そこには臨床の知にもとづいた内容が含まれていることは前に述べた。そのような特性をもった技術の科学化を西洋科学の方向性でしか考えてこなかったところに、技術がブラックボックス化していく原因があったと考えられる。

　したがって、技術を「利用者と支援者によって生きられた実感（臨床の知としての価値）によって問い返していく」という方向性でとらえ直すことによって、フィードバックの科学としての統合性をもったソーシャルワーク実践が可能になるだろう。

　ソーシャルワークにおける認識の方法（アセスメント）とは、「西洋科学の知」（システム思考によって「構造－機能」としてとらえられたもの）を「臨床の知」によってとらえ返す営みとして理解できた。それを受けていえば、プランニングは、実感によってとらえ返された認識にもとづいて、環境の構造や機能を改変（生活しやすいものにする＝ニッチの創造）しようとする営みだということになる。

　支援の場とは、このように西洋科学の知と臨床の知が出会う場である。利用者と支援者の関係もまたこれとおなじ構造をもっているので、私たちの生きる場そのもののメタファーでありシミュレーションであるともいえる。つまり、実感を拠り所として、西洋科学の知、その社会にとってドミナントな（主流とされている）価値、利用者自身がそれにしたがって生きてきた物語などの相対化をめざすのである。したがって、支援の目的は、価値の相対化であり、そこから生まれてくる Human Criteria にもとづいて利用者の生活をプランニングしていくことである。これは、とりもなおさずフィードバックのプロセスでもあるだろう。価値の相対化による生きる場の改変または創造が実感にもとづいたアセスメント－プランニングの意味であり、そのような支援を可能にするものがエコシステム構想だといえるだろう。

　以上のことから考えると、理論と実践の乖離とは、実存的理解の位置づけや扱い方の不在あるいは不明確さに起因していたと考えられる。逆の表現を

すれば、エコシステム構想とは、実存的理解の位置づけおよび扱い方をはじめて明確に示したモデルであり、考え方によっては、病理モデルからライフモデルへのパラダイム・シフトよりもはるかに画期的なソーシャルワークの進化だといえる。もしそうだとすれば、ソーシャルワークの専門性とは、ある特定の分野や領域におけるスペシャルな知識や技法の習得にあるというよりは、エコシステム構想が提示するようなソーシャルワークにおける生活理解やプロセス展開とそこからの知見の深化にあるというべきだろう。

技術の科学化とは、本章でみてきたようにアートというブラックボックス化された仕組み（機能）を科学的に説明することであり、そのうえで、臨床の知として知られる実存的・現象学的理解の位置づけを知識として示すことだと考えられる。

【注】
(1) この理論展開は、全米ソーシャルワーカー協会におけるゴードンの業績（Gordon, W. E. 1962）にはじまり、バートレット（Bartlett, H. M. 1970）に引き継がれ現在に至っている。この経緯については、太田義弘『ソーシャル・ワーク実践とエコシステム』誠信書房、1992年、7-8頁に詳しい。
(2) 平塚良子「ソーシャルワークにおけるスキルの意味」岡本民夫・平塚良子編著『ソーシャルワークの技能　その概念と実践』ミネルヴァ書房、2004年、8-9頁。この箇所の記述は平塚に負うところが大きい。
(3) 秋山薊二「アートとしての援助技法」太田義弘・秋山薊二編著『ジェネラル・ソーシャルワーク　社会福祉援助技術総論』光生館、1999年、140頁。
(4) 太田義弘「支援トレーニングの意義」太田義弘・中村佐織・石倉宏和編著『ソーシャルワークと生活支援方法のトレーニング　利用者参加へのコンピュータ支援』中央法規出版、2005年、107頁。
(5) 太田義弘、前掲書(1)、107頁。
(6) 秋山薊二「ジェネラル・ソーシャルワークの今日的意義と社会福祉援助技術論」太田義弘・秋山薊二編著、前掲書(3)、2頁。
(7) 奥田いさよ『社会福祉専門職性の研究　ソーシャルワーク史からのアプローチ・わが国での定着化をめざして』川島書店、1992年、202頁。
(8) 岡本民夫・平塚良子「はじめに」岡本民夫・平塚良子編著『ソーシャルワークの技能　その概念と実践』ミネルヴァ書房、2004年、ⅰ頁。
(9) 太田義弘「支援科学としてのソーシャルワーク実践と方法」『ソーシャルワーク研

究』Vol.28、No.2、2002年、35頁。
(10) 同論文、37頁。
(11) 同論文、37頁。
(12) 西洋科学の知と臨床の知については、中村雄二郎『臨床の知とは何か』(岩波新書、1992年、129-136頁) を参照。知の様式については、この２つ以外のものもあることを自覚しているが、本書の目的は、このような知の種類やその内容を議論することではないので、西洋科学の知と臨床の知という枠組みだけを分析のツールとして用いることにしたい。
(13) C・ジャーメイン『エコロジカル・ソーシャルワーク　カレル・ジャーメイン名論文集』小島蓉子編訳、学苑社、1992年の109頁には、「『人間』はたゆみなく変化する『状況』と、これまた不断に変化してゆくニードや情熱との間に、うまく一致点を見出さなくてはならず、そのためには自分自身と環境の双方が適応的変化をしていかなければならない」と述べられている。
(14) 神谷美恵子『生きがいについて　神谷美恵子コレクション』みすず書房、2004年、244-250頁 (この著書の初版は1966年)。
(15) 平塚良子、前掲書(2)、13-14頁。
(16) 同書、14頁。
(17) たとえば、池見陽『心のメッセージを聴く　実感が語る心理学』講談社現代新書、1995年、26頁および102頁などを参照。

III

ライフモデルと
社会福祉基礎構造改革

1　はじめに

(1) 本章の問題意識

　IIでは、実存的理解（視座）の欠落が、技術を価値やアートとしてブラックボックス化させてきた原因のひとつであることをみてきた。本章では、北米におけるソーシャルワークの歴史を概観することを通して、この実存的理解（視座）がソーシャルワークのなかでどのように扱われてきたのかを検証することにしたい。IIでの議論の背景についての検討である。

　外国で生まれたものをそのまま輸入するのではなく「日本的なソーシャルワークを」という声は、戦後の比較的早い時期から今日に至るまで相変わらず聞こえるが、では、そのような論者たちは、北米におけるソーシャルワークの変遷をきちんと検証し、その成果と課題をふまえて議論しているのだろうかという素朴な疑問を禁じえない。

　筆者が北米のソーシャルワークの変遷について感じる疑問のいちばん根本的なものは、(a)一般的にソーシャルワークは病理モデルからライフモデルへという流れで変遷してきたとされているが、それはパラダイム・シフトと呼べるほど画期的なものだったのか、ということである。もし、そうだとしたら、(b)なぜナラティヴ・アプローチなどの新しい実践モデルが登場しなければならなかったのか、その理由を説明できないことにならないだろうか。もし、そうではないとすれば、それに続けて、(c)機能派アプローチは「その役

割を終えた」されることがあるが、ほんとうにそうなのか、(d)ストレングス視座におけるストレングスとはそもそも何か、ということがあわせて問われなければならないだろう。筆者には、実存的視座の欠落こそが、「主流」（ナラティヴ・アプローチの用語でいえばドミナント・ストーリー）とされるソーシャルワークのモデルまたはアプローチの特徴だと思えてならないからである。

　したがって、これらの点について、北米ソーシャルワークの歴史についての研究を概観したあとで、「主流とされるアプローチ」と「チャレンジング・アプローチ」に分けて詳しく検討してみたい。

　さらに、そこでの知見をふまえて、わが国のソーシャルワークが、どのような事態に直面し、技術がどのように変質しつつあるのかを、社会福祉基礎構造改革と社会福祉実践、資格制度とその養成教育に焦点を当てて、Ⅰで述べた知識・価値・方法・技法という技術の構成要素から、分析的に考察していきたい。わが国のソーシャルワークは、「日本的」という美辞麗句に紛れて、その存亡にかかわるような変化の荒波に晒されているという思いを禁じえないからである。

(2) ライフモデル研究の概観

　一般に、今日のソーシャルワークは、ケースワークにおける従来の病理モデルを批判的に乗り越えようとしたライフモデルにその基礎を置くことによって発展してきたと考えられている。ただ、ライフモデルという名称で示される内容はひとつではないので、先行研究を手がかりにして、まずその内容を概観しておきたい。

①新しい短期アプローチ群や拡大された役割の総称

　1960年代までのソーシャルワーク（とくにケースワーク）は、(a)人格の成熟をめざすために時間がかかりすぎ、今すぐ援助を求めているクライエントの役に立たないこと、(b)1960年代の当事者運動などが示唆するように、社会

Ⅲ　ライフモデルと社会福祉基礎構造改革

的な重圧に喘ぐクライエントの役に立っていないことの２点が、いくつかの調査によって明らかにされた。(a)の批判に対してケースワークは、方法を特定の課題に焦点化させた短期アプローチ群を発達させた。(b)の批判については、「弱さ」ではなく「強さ」にかかわることと、「社会的弁護」や「リーチ・アウト」などに代表される役割や機能の拡大を図って対応した。

②単一のモデル

　バンドラー(Bandler, B.)、オックスレイ(Oxley, G. B.)のものは、今日のライフモデルの先駆けといえる。

　ジャーメインとギッターマン(Gitterman, A.)のライフモデル(1980年)は、生態学的視座にもとづいて「人と環境との交互作用」から生活を理解し、利用者の適応能力と慈恵的な環境とに着目した。これは、今日、新しいさまざまなアプローチを包み込む上位概念（メタ理論）として受け入れられている。このように、精神分析的なアプローチを採用する病理モデルとの対比で、生態学的視座がライフモデルだとされることがある。

　これらをふまえて、ソーシャルワークにおけるライフモデルの意義を、つぎの４点にまとめておきたい。

（知識）

①生態学的視座にもとづいて生活を理解することによって、人か社会（環境）かという二元論が終息し、さまざまなアプローチを包み込む上位概念として、ジェネラリスト・ソーシャルワークへの道を開いた。

（価値）

②利用者を「治療されるべき人」ではなく「生活者」として理解することで、「人間は環境によって変えられる存在だが、環境を変えていく存在でもある」という「交互作用」の視点が確立され、ストレングス視座に理論的な根拠が与えられた。

（方法）

③環境への働きかけ（フィードバック機能）として、ソーシャル・アドボカシー、エンパワメントなどの社会正義を実現する方法をみいだし、賢い利用者との協働という支援関係が示された。
（技法）
④ソーシャルワークが役に立っている証拠、エビデンスや新たな科学性が模索されるようになった。(9)

(3) ライフモデルにみるソーシャルワークの課題

　歴史的にみれば、北米ソーシャルワークにおけるライフモデルへの移行は、まず新しい方法（利用者理解）といくつかのアプローチが採用され、そのあとにそれらを実践面から束ねるものとしてインターベンション概念が導入され、全体としてシステム思考や生態学的視座によってそれらを包み込むというプロセスをたどっている。ライフモデルは、前述したようにソーシャルワークにとって画期的なアイデアであったが、ソーシャルワークの方法や技法を根本的に変化（進化）させたわけではない。岡本民夫は「生活モデルが提起された1980年代には、ソーシャルワークの新視点として脚光を浴びることになったが、その視点と実践過程における援助的介入（intervention）において使用されている技法・手法が、理論と一貫性や整合性をもって関連していないことが多く、新しい皮袋には必ずしも新しいワインが導入されたわけではなかった(10)」と指摘している。そのことを筆者なりにまとめたものが図3-1である。

　ジャーメインのライフモデルは、(a)人間関係の問題、(b)ライフステージの変遷、(c)社会の圧力の3つの側面から利用者の生活を理解しようとするが、このうちの(a)と(b)は従来の病理モデルのアプローチで対応することが可能である。インターベンションのなかには心理社会的アプローチも含まれているので、精神分析理論にもとづいた治療機能をその機能の一部として内包しながら、それらを包み込む上位概念としては「治療」とは異なった枠組みが提唱されているという構造になっている。したがって、ライフモデルは、援助

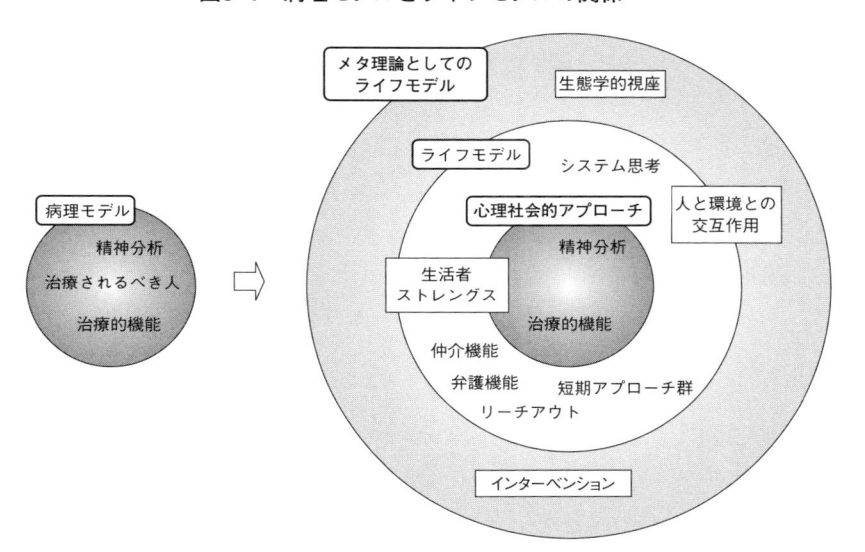

図3-1　病理モデルとライフモデルの関係

者の枠組みからの理解も許容できる構成になっていて、「利用者中心」の技術を必然的に要請するようなモデルにはなっていないと考えられるのである。ここから、ライフモデルの課題として、つぎの2点を指摘することができるだろう。

①利用者理解の視座と課題解決の手段が別々の論理で展開されていること
　インターベンションで活用されるアプローチ群は、それぞれ独自の理論をもっていて、ライフモデルにおける利用者理解とは異なっているため、利用者理解（価値・理論）と支援方法（技法）の乖離が示唆される。
②利用者中心の支援を展開するためには、属人的な能力に依存せざるをえないこと
　ライフモデルでは「生活者」というノーマルな利用者像が提示されているが、これに対応する技法がモデル自体には存在しないため、エンパワメント・アプローチや媒介機能・弁護機能といったソーシャルワーカーの役割に

よってこの2つを結びつけるしかない。そのことが、結果的に、ソーシャルワーカー個人の属人的な能力によって、①の乖離を統合せざるをえない事態を招いてしまっている。

このことをまとめてみると表3-1のようになるだろう。

表3-1　ライフモデルとインターベンションの乖離

	知識（理論）	価値（目的）	方法（理解）	技法（手段）
ライフモデル	人と環境における互恵関係の回復または構築	ノーマルで有能な生活者	生態学的視座	態度（バイステックの原則）
乖離の解決方法	？	？	？	役割の拡大（社会的弁護　媒介　リーチアウト）
インターベンション	各アプローチのもとになっているそれぞれの理論	即効性・明晰性・有効性	システム思考	各アプローチにもとづいたそれぞれの技法

つまり、ライフモデルにおいては、利用者中心の支援を実現させていくための技術をどのように提示するのかという課題が残されていると考えられる。そこで、次節では、ライフモデルにおけるこのような理論と実践、理論とアート・技術の乖離に着目し、その原因として主要なソーシャルワークのアプローチには実存的視座が欠落したままであったことをその歴史から解明してみたい。

2　歴史理解と支援科学としてのソーシャルワーク

(1) 主流のアプローチとそれらへのチャレンジ

ソーシャルワークのアプローチを、ドミナントなものとオルタナティブなものに分けて対照できるように、左から時系列でならべてみたものが表3-2である。共通の価値にもとづいていることがソーシャルワークとしてのアイデンティティだともいえるので、この表においては、価値を除いた知識、方法、技法の3つの側面から、それぞれの内容を示した。

これをみると、ソーシャルワークには、いつの時代においても、ドミナン

III　ライフモデルと社会福祉基礎構造改革

表3-2　北米ソーシャルワークにおける主流のアプローチとチャレンジング・アプローチ

主流のアプローチ

		リッチモンド	心理社会的アプローチ	問題解決アプローチ	システム・アプローチ	ライフモデル
知識	論理	disease metaphor 人と社会の関係 原因→結果	disease metaphor 人格の構造－機能 原因→結果	disease metaphor中心 折衷的 原因→結果	システム思考 構造－機能 円環的	ecological metaphor 生活様式 円環的
	焦点	病理（貧困 経済的、環境的）	病理（自我機能の未熟さ）	ワーカビリティ（能力・動機づけ・機会）	マッチング	人と環境との接触面
	人格理論	個性と個人的特徴への洞察	精神分析（自我心理学）	自我心理学 役割理論	システム理論	自我心理学
方法	認識の主体	援助者	援助者	援助者	援助者	援助者
	認識の内容	人間と社会との不適切な関係	過去－現在 状況のなかの人間	身体的・心理的・社会的－過去・現在・未来の布置	相互関係	人と環境との交互関係
	メカニズム	洞察	洞察（防衛機制 反復強迫）	役割分担 主体性	不調和	互恵性の回復
技法	人間関係	心から心への働きかけ	転移－逆転移 発達課題（過去・現在）	役割 発達課題（過去・現在・未来）	関係の調整	環境への適応 慈恵的な環境の創造
	生活の変遷	なし				
	社会の圧力	社会改良	間接療法 アドボケイト	機会		

チャレンジング・アプローチ

		セツルメント運動	機能派アプローチ	行動アプローチ	エンパワメント・アプローチ	ナラティブ・アプローチ
知識	論理	生活の場と体験の共有	実存性 現象学的場（「今－ここ」）	学習（リスポンデント オペラント モデリング） 認知 原因→結果 認知→行動	認知（行動科学）	認知（現象学的）
	焦点	生活技能の獲得	クライエントの潜在能力	客観的事実 数量化 スケーリング	社会正義　公正さ 学習された無力感	ドミナント・ストーリーとオルタナティブ・ストーリー
	人格理論	なし	自己概念と実感	学習（個人）	学習（社会との関係）	物語
方法	認識の内容	援助者	援助者 利用者	援助者 利用者	マイノリティ・グループ	利用者
	認識の主体	社会改良	責任性 限界と協働	刺激と反応の関係 行動と感情の結びつき	権利	ドミナント・ストーリーの不適合
	メカニズム	学習	実感	強化と消去 効力感の学習	効力感の学習 支援者との協働	違和感
技法	人間関係	援助者からの人格的感化	共感　尊重 変化の過程	望ましい行動の学習	効力感（機会、動機づけ）	オルタナティブ・ストーリーとコーピング・スキルの発見
	生活の変遷	生活技能の獲得（学習）				
	社会の圧力		ソーシャルワークの二次機能	アサーションの技術		

トなアプローチ（西洋科学の知にもとづいたもの）に対してオルタナティブな（臨床の知すなわち実存的・現象学的）立場からのチャレンジがあったことがわかる。Ⅱにおいて指摘したように、ソーシャルワークの支援科学としての特性が、臨床の知によって西洋科学の知を相対化することにあるとするなら、このソーシャルワークの歴史は、その必要性を痛感している人たちがいつの時代にも存在したことを裏づけているとはいえないだろうか。つまり、主流とされるアプローチには、常に実存的視座が不在であったことを指摘できるだろう。

(2) 歴史のなかで取り入れられたものと取り残されたもの

　ソーシャルワークのアプローチがどのように変遷してきたのかを時系列で示したものが図3-2である。

　これをみると、北米におけるソーシャルワークの変遷とは、アプローチだけをみるかぎり、心理社会的アプローチとバイステックの原則という組みあわせをベースとして、それ自体はあまり変化しないまま、新しいものがつぎつぎと付け加えられてきた歴史だといえる。別の表現をすれば、「利用者中心」のアイデアを支えているはずの実存的視座については、そのアイデアの一部が思想や態度として取り入れられることはあっても、ソーシャルワーク理論に組み入れられることはなかったと考えられる。このことについて機能派アプローチの立場をとるダンラップ[11]（Dunlap, K. M.）はつぎのように述べている。

　　　実際には、このような（診断派と機能派の）論争を生んだ革命的な概念が今日のソーシャルワークの主要な理論のなかで修正され、調整され、最終的に包摂されてきた。理論家たちは、選択の自由と自己決定、変化への人間の潜在能力、治療の要因としての時間の活用といった、かつて異説だった考えを、機能学派における波乱万丈の起源に言及せずに組み入れてきた。（中略）しかしながら、これらの理論的アプローチの提唱

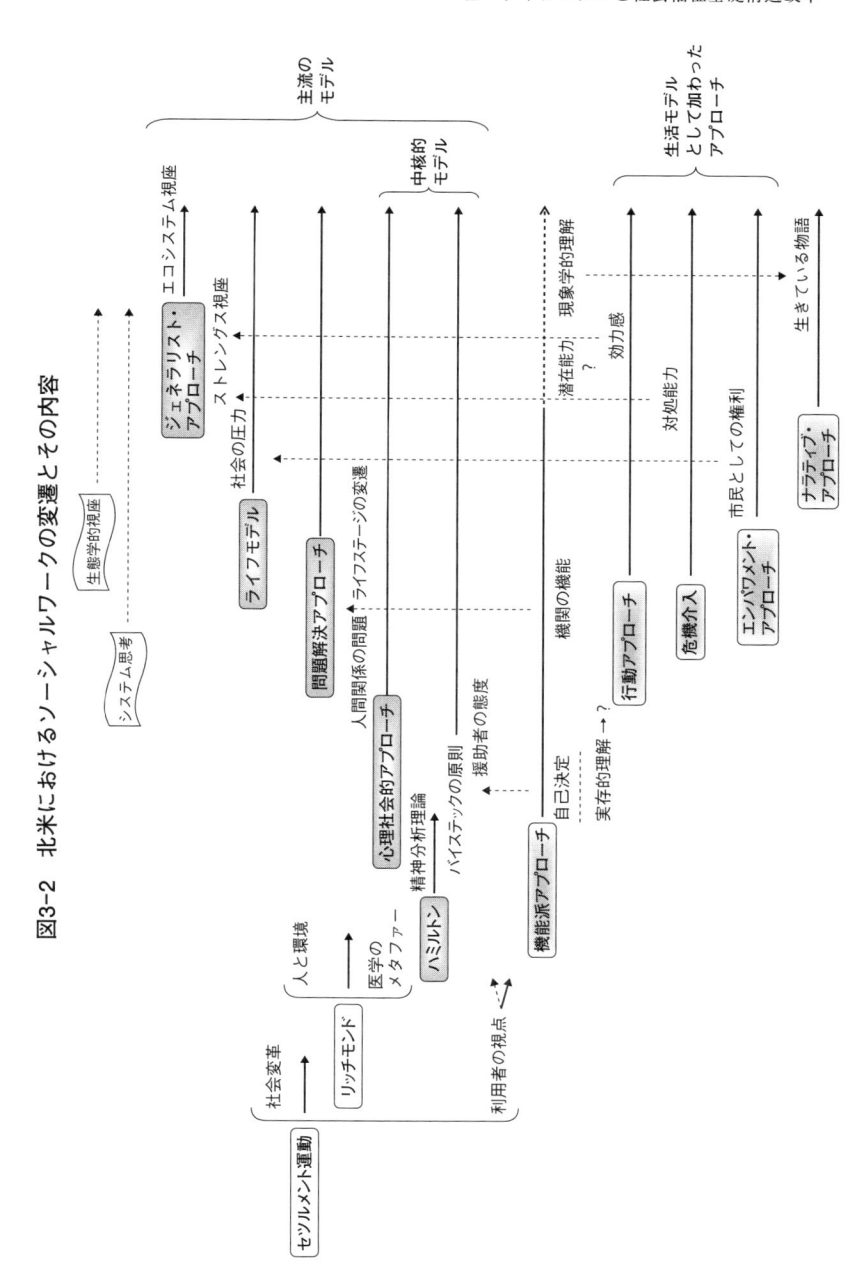

Ⅲ　ライフモデルと社会福祉基礎構造改革

図3-2　北米におけるソーシャルワークの変遷とその内容

者のなかに、こういった普及した技術の支えとなっている機能主義的源泉を認識しているものはほとんどいない。

　久保紘章は、このダンラップの指摘を紹介する際、「やや口惜しそうに、しかし的確に」という表現を用いている(12)。つまり、価値との乖離が問題になっているとすれば、それは主流とされるアプローチにおいてであると考えられるのである。

(3) ライフモデルとソーシャルワークの技術

　これらのことから、ライフモデルは、パラダイム・シフトというよりは、利用者中心のパラダイムへ向かう過渡的な段階のモデルだと考えられないだろうか。

　ソーシャルワークの技術に焦点を絞ってみると、欠落した実存的視座を補うために、(a)価値実現の手段としてアートに関心が向けられるようになってきたこと、さらに(b)知識との整合性を図るために、属人的・ブリコラージュ的な技術理解がクローズアップされるようになったこと、の2点を指摘できると思われる。前述したように、ソーシャルワークの価値とアートにあたるものは、実際には中村雄二郎が論じている「臨床の知」に相当するものであり、西洋科学の知にもとづいて構築されたインターベンション（短期アプローチ群）が依拠している理論や、実践における要請とは必ずしも合致していない。このことをまとめると表3-3のようになると思われる。

　パワーやストレングスを強調するソーシャルワーク実践は、効率性、操作性、実証性といった実践が要請する科学性（西洋科学によるもの）のオリエンテーションと合致した場合には、「コントロール（操作、管理）」がその焦点となる可能性を否定できない（それは、そのような実践が後述する図5-2のようなパターンで理解されているからである）。コントロール自体は「科学的」であるかもしれないが、その制御方法はきわめて非科学的なアートや技術に依存せざるをえないところに従来の技術論の限界があると考えられる。

表3-3 ライフモデルにおけるソーシャルワークの技術

知の様式	特性	能力の分野	知識	方法	技法	目的
西洋科学の知	普遍性	実践	ニーズ	機能の拡大	効率性	即効性
	論理性		システム思考	アセスメント　評価	実証性	明晰性
	客観性		手順	インターベンション	操作性	有効性
臨床の知	固有性	アート	生活コスモス	現象学的理解	尊重	ニッチの創造
	多様性	技術	生態学的視座	共生	エンパワメント	適応
	実存性	アート	体験過程	気づき	選択	納得

　そこで、次節からは、わが国において、このような意義や限界をもつライフモデルやその技術が、社会福祉基礎構造改革との関連でどのように理解され、展開されてきたのかを概観し、わが国における技術の課題を考察していきたい。

3　社会福祉基礎構造改革とソーシャルワーク

(1) 理論における乖離（社会福祉援助技術論とソーシャルワーク理論）

　表3-4は、厚生労働省がホームページで示している「社会福祉基礎構造改革について」[13]の内容を、Ⅰで述べた「価値、知識、方策、方法」という4つの構成要素にしたがって整理したものである。

　この社会福祉基礎構造改革について、山崎美貴子は「わが国では、在宅福祉の導入は、理念としては住み慣れたコミュニティでの暮らしを安心して続けることを可能とする、いわゆるノーマライゼーションの理念がその背景にあるサービスとしての社会福祉制度であるものが、一方で安上がり政策の典型としての意味をも包含して登場する不幸な局面を担っていた」[14]と指摘し、「こうした社会福祉サービスの理念の変化は、仕組みづくりの変化を促し、そのことに規定される社会福祉援助活動も変化を余儀なくされる」[15]と述べている。

　白澤政和は「施設福祉から地域福祉への転換は、地域社会のニーズ充足システムを変化させ、ケアマネジメントを必要不可欠なものにしてきたといえ

表3-4 社会福祉基礎構造改革の内容

価値		知識	方策	方法
質の高い 福祉サービスの拡充	評価	サービス内容	第三者評価 監査	外部基準
		苦情解決	自己評価	内部基準
		アカウンタビリティ	情報開示 プライバシー保護	透明性
	環境	規制緩和	競争	多様な事業主体の参入
		市場原理	コスト削減(正職員の削減を含む)	利潤追求 効率化
		養成教育	教育内容の標準化	資格制度
個人の自立を基本とし、その選択を尊重した制度の確立	原則	ニーズ	利用者による選択	尊重
		責任性	明文化	契約
		不利益防止	成年後見制度 地域福祉権利擁護制度	消費者保護
地域での生活を総合的に支援するための地域福祉の充実	手段	地方分権	コミュニティ・ソーシャルワーク	地域福祉計画
		サービスの適正利用	マネイジド・ケア	連携 マッチング
		ノーマライゼーション	ケアマネジメント	在宅福祉の推進

る」と述べつつ、もう一方では「ケアマネジメントは、サービス利用者の立場から生活を支援するために形成されてきたが、財源抑制のためのマネイジド・ケアとして使われる場合もあり、諸刃の剣の側面をもっている」ことを指摘している。

このような二律背反の状況は、資格制度の制定によって、さらに深刻になっている。木原活信は、「日本の場合……専門援助技術の発展の内実あるいは成熟を待たずに、むしろ専門職の資格化というハードな法制度を整えることによって、構造的あるいはマンパワー問題を解決するという方向性をとった。……資格にともなう理論や技術が後追いという形をとり、諸課題を残すこととなった。またアメリカなどのソーシャルワークの理論モデルと、これらの諸資格にともなう実態が乖離していくという現状が生まれ、ソーシャルワークとソーシャルワーカーのギャップが生じているといわざるを得ない状況を呈し」ていると述べている。つまり、ソーシャルワーク理論にもとづくのではなく、制度の変化に対応させるかたちで資格制度が制定されたことによって、制度や現場が期待する「社会福祉士」の業務と従来からのソーシャルワークが嚙みあわない状況が生じたと考えられるのである。

表3-5は、これらをふまえて、社会福祉基礎構造改革における二重の基準すなわち方策と価値・方法の乖離状況を示したものである。

III　ライフモデルと社会福祉基礎構造改革

表3-5　社会福祉基礎構造改革における二重の基準（方策と価値・方法との乖離）

在宅福祉	財源抑制	制度面	方策	知識 (理論の不一致)	価値	ノーマライゼーション
ケアマネジメント	マネイジド・ケア	技法面			方法	利用者の立場から生活支援
マンパワー	資格制度				知識	ソーシャルワーク

　このような実情を裏づけるかのように、たとえば、ある社会福祉援助技術の教科書には、「社会生活上の問題をもつサービス利用者と福祉サービスを、一定の目的をもって結びつける作業を担うのが援助者であり、その時使用する技術が社会福祉援助技術である[20]」という説明が記載されている。つまり、ソーシャルワークとは何であるかについての理解が明確ではないので（この文章は、そのままでケアマネジメントの説明としても通用してしまう内容なので）、久保紘章が指摘するように[21]、エンパワメントやケアマネジメントなどをソーシャルワーク・モデルのなかにどう位置づけるかについて共通理解が得られないのだと考えられる。したがって、そこからは技術が必然的なものとして導き出されない点を指摘しておきたい。

(2) 価値の制度化と二重の基準

　図3-3は、社会福祉基礎構造改革にもとづいた新しい社会福祉サービスの仕組みを図示したものである。

　この図のポイントは、(a)利用者がサービスを自分で選べること、そのためには、(b)サービスを提供する側のアカウンタビリティが必要とされることの2点である。前者については、情報やサービスへのアクセスが確保される必要があるので、そのために権利擁護に関する制度（判断能力が不十分な利用者への支援や、障害をもった利用者へのコミュニケーションの支援など）が整備された。後者に関しては、提供されるサービスの質を担保するために、サービス評価や苦情解決のシステムが重層的に作られた[22]。

　積極的にみれば、こういった制度の新設によって、倫理と矛盾しない実践が行える条件が整備されてきたといえる。しかし、あくまでも社会福祉法の理念を具体的な制度やサービスとしてどのように運用していくかという課題

図3-3 社会福祉基礎構造改革による利用者中心の制度の仕組み

良質で十分な量のサービスの供給

サービス評価システムの確立　　事業運営の透明性の確保
自己評価、第三者評価
　　　　　　　　　　　　　　　　↕

情報開示　正確で豊富な情報　　情報へのアクセス　　障害をもった利用者へのコミュニケーションの支援
権利擁護事業　　　　　　　　　　　　　　　　　　　判断能力が不十分な利用者への支援

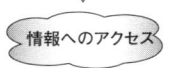

アセスメントにおけるニーズの判定への利用者参加
サービス決定過程における利用者の同意と選択の尊重

サービス提供者　←──自己選択、自己決定──→　サービスの利用者
　　　　　　　　　　アカウンタビリティ

オンブズマン制度などとの重層的なネットワーク

苦情に対する説明と具体的な対応　　苦情解決　　利用しやすい苦情対応システム
　　　　　　　　　　　　　　　　　　　　　　　不服申し立て制度の確立

不適切なサービスの提供に対する　サービスの質を担保
指導監督　　　　　　　　　　　　する仕組みの確立
都道府県における運営適正化委員
会の設置　　　　　　　　　　　　　住民本位のまちづくり

であって、ハード福祉に付随した機能を述べたにすぎないと考えられる（このような実践を本書では「社会福祉援助」と名づけておきたい）。しかも、援助の価値（理念や目的）を表すことばとしては、それまでのソーシャルワーク実践や研究で培われてきたものがそのまま流用されているという現状が、混乱をさらに深刻なものにしていると考えられる。表3-6は、そのことを示している。

　この表をみればわかるように、ことばとしてはおなじものが使われていても、その意味する内容はまったく異なっている。たとえば、社会福祉援助においては、(a)ノーマライゼーション、(b)選択、(c)エンパワメント、(d)自己実現といったことばが、それぞれ、(a)在宅生活、(b)サービスを選べること、(c)サービスを受けることによって自らの身体機能や活動範囲が拡大すること、(d)健康であることを意味するものとして用いられている（このような価値の「保健医療化」については次節で詳述する）。つまり、ソーシャルワークが培ってきたそれぞれの価値における実存的な背景が捨象され、制度および援

Ⅲ　ライフモデルと社会福祉基礎構造改革

表3-6　価値の二面性

	目的	知識（理解の枠組み）	方法（サービスの供給）	方策
制度	経費削減	保健・医療 健康　介護予防	マネイジド・ケア	制度の利用手続き ・介護保険（ニーズとのマッチング） ・成年後見制度 　地域福祉権利擁護事業
制度に付随した機能	在宅における 日常生活支援	ADL ICFによる理解 身体的・精神的 ・社会的	ケアマネジメント コミュニティ・ソーシャルワーク	ケアマネジメントにおける 機能の拡大 コミュニティ・ソーシャルワークによる 環境の整備
共通の用語で語られる価値	ノーマライゼーション	自己実現	医療・保健・福祉の連携 選択　自立	生活支援と社会的弁護 社会的自律性　エンパワメント 信頼関係　バイステックの原則
ソーシャルワーク	デモクラシー 社会正義	実存的・現象学的 生活コスモス	ジェネラル・ ソーシャルワーク エコシステム構想	生活支援と社会的弁護 社会的自律性　エンパワメント 信頼関係　バイステックの原則

助者中心の皮相的な枠組みにすり替わっていると考えられるのである。しかも、そのことは、「助言、指導」を職務とする社会福祉士、「助言、指導、訓練」を行う精神保健福祉士、介護保険にもとづいてケアプランを作成する介護支援専門員（ケアマネジャー）など、資格法に示されたアイデアとも呼応している点を指摘しておきたい。

　このようにみてみると、本来、制度であるはずのものが、ソーシャルワークの価値をまとって（おなじことばを用いて）語られている可能性が示唆される。このような状況について、川田誉音は、「ソーシャルワーカーは、新しい制度の矛盾のために生活困難や生活の質の低下をきたしている人々の現状に接しつつも、制度の要求する業務に忙殺されて、ソーシャルワーク本来の援助方法では実践できていない焦りと不安で、国家資格を取得したにもかかわらず『燃えつき（burn out：バーンアウト）』てしまう危険が日常になっている」(23)と強い危惧を表明している。価値と実践が乖離している状況は、ソーシャルワークにとって致命的だと考えられる。

(3) 方法における乖離（2つの実践の並立）

　表3-7は、このように価値において二重の基準があることをふまえて、理念型として想定される2つの実践を示したものである。

表3-7　社会福祉基礎構造改革にともなう2つの実践

	領域	I群	II群
知識	研究	ケアマネジメント　コミュニティ・ソーシャルワーク	ジェネラル・ソーシャルワーク　エコシステム構想
価値	エンパワメント	残存能力の活用	潜在能力への気づき　効力感の獲得
	社会的弁護	成年後見制度 地域福祉権利擁護制度などの活用	エンパワメント　ソーシャル・アクション フィードバック
	理解	保健医療　健康　予防　援助者の枠組み	利用者の実存性　実感　内的準拠枠
	自立	在宅生活　ADL　選択の尊重	実感にもとづいた選択の保障
	自己実現	生きがいづくり　趣味、社会参加 その人らしい生活の実現 病気や障害の受容　介護予防	「今―ここ」でのいきいきとした実感にもとづいて変化の過程を生きること その人らしい生活の再創造 生活をわがこととして引き受ける責任性
	当事者の活動	ピア・カウンセリング	セルフヘルプ・グループ 利用者自身による物語　独自性
方法	社会福祉士養成教育	円滑な人間関係形成と 制度活用のための技術教育	実践と社会福祉援助技術論をつなぐ 技術教育としての社会福祉援助技術演習
技法	社会福祉基礎構造改革	経費削減　マネイジド・ケア	ノーマライゼーション
	実践	制度の運用・活用 現場の事情 個々の実践とは別にフィードバックの 過程が用意される	ソーシャルワークの知識と価値にもとづいた方法 インターベンション局面における方法レパートリーの活用 個々の実践がフィードバックの過程でもある

　I群のものは社会福祉援助であり、健康や趣味、社会参加といった制度や援助者の枠組みから利用者のニーズを理解し、ケアマネジメントという方法を用いて制度とそれらをむすびつけ、権利擁護などの制度の運用に携わることで不当な契約やサービス提供から利用者を保護し、サービスを提供する際のマナーとして技術を理解しようとする。II群は、本書で展開しているエコシステム構想にもとづいた支援である。

　こうしてみると、実践がI群、II群それぞれの枠内にとどまり、枠外のアイデアを取り入れようとしないかぎり、理論と実践の整合性は保たれることがわかる。前述したように制度の要請とソーシャルワークとが価値を共有して併存しているのならまだしも、このようにI群の実践が独自の価値（保健医療の枠組み）にもとづいて組み立てられるようになると、実践そのものが2つに分裂してしまう。

　そこで、次節では、このような二重の基準の背景になっていると思われるソーシャルワークの「医療化」について考察することにしたい。

4 わが国のソーシャルワークにおける「医療化」の諸相

(1) 医療・保健・福祉の連携とソーシャルワーク

　社会福祉基礎構造改革の柱のひとつに「医療・保健・福祉の連携」がある。ひととおりのサービスがあらかじめ揃った施設での生活とはちがって、在宅での生活支援においては、さまざまなサービスを総合的に提供する必要があるからである。これにともなって、地域におけるサービス提供を総合的に考えようとするコミュニティ・ソーシャルワークやその方法としてのケアマネジメントが登場し、その根拠としてノーマライゼーションがとらえられた。地域における権利擁護制度の整備もこの文脈で進められている。

　しかし、ソーシャルワークにとっては、「医療・保健・福祉の連携」というのは、キャボット（Cabot, R. C.）が1905年にマサチューセッツ総合病院にソーシャルワーカーを置いて以来ごくあたりまえのアイデアのはずなので、このスローガンの登場はある意味では不思議だと考えられないだろうか。

　堀口久五郎は、「精神保健福祉」という用語には「『精神保健医療』における福祉」と「『精神障害者』についての福祉」という2つの意味があり、概念の混乱を招いていることを指摘している[24]。そして、「『精神保健』は、精神保健福祉という用語の誕生によってもさして動揺はみせなかった。むしろその成果を積極的に取り込むことで自らの『精神保健』概念を補完するだけでなく、その内実をより豊かに醸成させていったといえる。しかし『精神障害者福祉』は、精神保健福祉の語の誕生に大きな影響を受けた。すぐそこに同調し、あるいは呑み込まれ、精神保健福祉という存在に精神障害者福祉の成果を投影し、同一化、一体化することで、遅延する精神障害者福祉からの脱却への期待とその命脈を保とうとしたともいえる。その結果として、精神保健福祉の誕生は、精神障害者福祉が実現した姿を示すものとして一般に評価され、受け入れられることにもなったのである。しかし、その一方で、精神障害者の福祉施策の整備・拡充を求める声はあとを絶たない[25]」と述べている[26]。

これは精神保健分野の特殊な事情としてではなく、保健・医療と福祉の関係として読んでもあまり違和感はないだろうと思われる。保健福祉分野においても、制度が要請する実践が期待され、それがソーシャルワークの価値や方法とはマッチしていないのである。しかも、大学の社会福祉学部を受験する生徒のなかにさえ少なからず「福祉＝介護」あるいは「社会福祉士＝介護についての相談」と理解している者が含まれている現状を考慮すれば、医療・保健・福祉の連携とは、医療・保健と介護の連携のことであり、方法としてのコミュニティ・ソーシャルワークやケアマネジメントを念頭に置いたスローガンだと理解できる一面が、少なくとも実態としては存在していることになる。

　厚生労働省が示す「社会福祉基礎構造改革について」にある「保健医療との連携や介護保険制度の実施に対応した教育課程の見直し[27]」という記述がそれを裏づけているだろう。そこで、つぎに、資格制度と養成教育の医療化について検討してみたい。

(2) 資格制度と保健医療のアイデア

　表3-8は、保健医療において、ソーシャルワーク的な視座（生活という視座）を付け加えることによって、在宅での生活援助が可能になることと、そのためのマンパワーとして社会福祉分野の資格が整備されてきたことをまとめたものである。

表3-8　社会福祉基礎構造改革における目的とマンパワー

目的	仕組み	資格(マンパワー)	手段
保健・医療分野における介護の必要性（寝たきりは寝かせきり）	生活という視座の必要性 医療・保健・福祉の連携	介護福祉士 社会福祉士	介護 ケアマネジメント ネットワーク(コミュニティ・ソーシャルワーク)
在宅支援			
社会的入院患者の社会復帰	保健と福祉にまたがる資格	精神保健福祉士	生活技能訓練

　この表をみると、少なくとも制度面（福祉サービスの供給システム）においては、とくにソーシャルワーカーがいなくても目的は達せられることがわかる。しかも、時期が最近のものになるにつれて医療色が濃くなっていると

考えられるのである。というのは、精神保健福祉士はもともと保健と福祉にまたがる資格として制定され、介護支援専門員になると、さらにさまざまな医療職が受験可能な資格となって、ソーシャルワークの占める割合がどんどん少なくなっているからである。

　こういった傾向を裏づけるかのように、厚生労働省の「地域包括支援センター業務マニュアル」(2005年)には、「介護予防ケアマネジメント[28]」という用語が登場してきた。「介護保険制度改革の全体像　持続可能な介護保険制度の構築」(2006年)では、「予防重視型システムへの転換」というアイデアのもとに、「医療と介護の連携を強化する観点から、介護予防における医療との連携、介護施設やグループホームにおける医療機能の強化を図る[29]」ことが記されている。これらは「健康であること」に価値をみいだすアイデアであり、このような価値観が介護施設やグループホームにまで及んでいくことが読み取れる。

　事実、2006年3月に開催された厚生労働科学研究・障害保健福祉総合研究成果発表会のテーマは、「『生活機能』向上をめざして──ICFの保健・医療・介護・福祉・行政での活用」であった。アセスメントの枠組みとしてWHO(世界保健機関)のものが広く用いられる傾向も指摘できると思われ、ソーシャルワークの側にもそのことを積極的に評価する論者が存在する[30]。こういった傾向が進行していけば、ケアマネジメントにおける「ストレングス」と、保健分野の「健康」とが同義語のように用いられていく可能性も否定はできない。たとえば、2006年度の神戸研究学園都市大学交流センター推進協議会による公開講座のテーマは「将来の備えとして健康を考える──できることを今から」であり、「時間に追われ、ストレス社会といわれる昨今、『健康に年を重ねる』ことが簡単にできる時代ではなくなってきています。さらに、社会保障の将来が不透明な現状では、私たちにとって健康を維持することは切実な問題として捉える必要性が高まっています」と趣旨説明がされているのである。

　このように、ソーシャルワークの側からみればケアマネジメントという方

法を介して「健康」という一面的な視点や考え方が流入してきているともいえるのではないだろうか。

(3) ソーシャルワークにおける技術教育の課題

　2009年度から、社会福祉士としての実践力のレベルアップをめざして新カリキュラムでの養成教育がはじまった。そのうち、相談援助演習では、ソーシャルワークを体系立てて理解していくことが目標のひとつとされ、ソーシャルワーク理論や実習との統合性を視野に入れた構成に変わったようにみえる。しかし、ソーシャルワークが「相談援助」と「地域福祉の理論と方法」という2つの科目に分断され、それらを総合するようなソーシャルワーク論が不在の状況で、「自己覚知」、「基本的なコミュニケーション技術」、「基本的な面接技術」の3つを教えても、ソーシャルワークが何なのかを理解することはできないだろう。

　前述したように、価値の制度化や資格制度の医療化にともなって、個別性の尊重や受容といったソーシャルワークの技術が、それらが本来もっていたはずの実存的側面（利用者の自己実現や社会的自律性の獲得のために活用されるという側面）を捨象されて、サービス提供のための「原則」にすり替わってしまう危惧が現実のものとなってきている。そのような流れのなかで、技術を利用者理解の原則（話しやすいふんいきを作り出し、情報収集を容易にするための技法）としてとらえてしまえば、価値との乖離は解消されうるからである（このことについてはⅣで詳述する）。つまり、新カリキュラムが、そのような状況をくいとめるための橋頭堡とはなりえていないと考えられるのである。

　図3-4は、このような社会福祉援助における技術とプロセスをビジュアル化したものである。

　これは、もはや、ソーシャルワークの技術とはいえないのではないだろうか。そこには、生態学的視座からシステム思考によってとらえられた現実を問い返すといったソーシャルワーク固有の方法が存在しないからである。表

III　ライフモデルと社会福祉基礎構造改革

図3-4　制度に付随した機能としての社会福祉援助のプロセスと技術

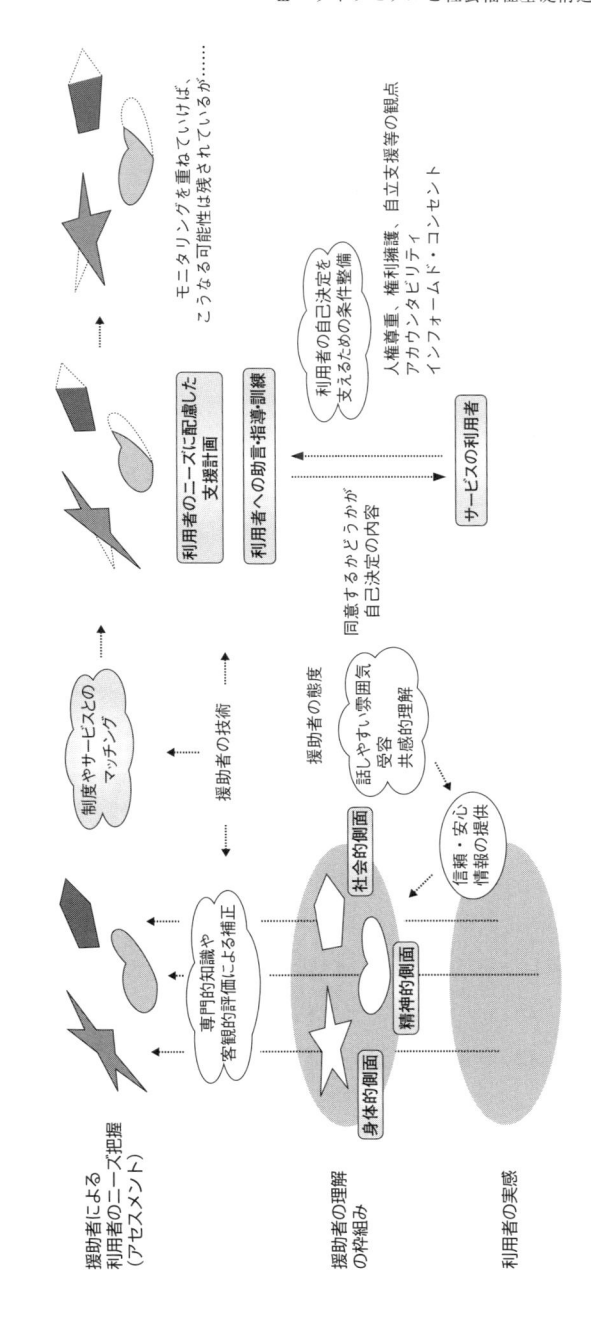

援助者による
利用者のニーズ把握
（アセスメント）

制度やサービスとの
マッチング

専門的知識や
客観的評価による補正

援助者の技術

援助者の態度
話しやすい雰囲気
受容
共感的理解

信頼・安心
情報の提供

援助者の理解
の枠組み

社会的側面
精神的側面
身体的側面

利用者の実感

利用者のニーズに配慮した
支援計画

利用者への助言指導訓練

同意するかどうかが
自己決定の内容

モニタリングを重ねていけば、
こうなる可能性は残されているが……

利用者の自己決定を
支えるための条件整備

人権尊重、権利擁護、自立支援等の観点
アカウンタビリティ
インフォームド・コンセント

サービスの利用者

3-9は、このような技術を、ソーシャルワークの技術と対比させて示したものである。

表3-9 技術における乖離

	目的	着眼点	手法
制度 資格 養成教育	円滑な人間関係の形成	信頼関係	コミュニケーション技術
ソーシャルワーク	自己実現 社会的自律性の獲得	エコシステム視座 体験過程	参加と協働を可能にする関係性

これは、もはや、ソーシャルワークという方法それ自体の乖離であり、二重の基準になっているといえないだろうか。相談援助演習において、単に自己覚知や対人支援の技法、事例検討の方法などを訓練するだけでは、このような現状に対処できないどころか、ソーシャルワークそのものが単なるサービス提供と苦情解決の技法に堕してしまう危険が現実のものになってきていると考えられるのである。

これまで述べてきたことをまとめると表3-10のようになるだろう。

表3-10 ソーシャルワークと制度・養成教育・福祉サービスの乖離状況

	知識	価値	方法	技法
養成教育	実習と相談援助演習 制度と実践とをつなぐものとしての技術 新しい制度論の台頭	健康 介護予防 新しい医学モデル	制度利用の手続き ケアマネジメント ICFによるアセスメント	円滑な人間関係形成を図るための方法
ソーシャルワーク	理論と実践とをつなぐものとしての技術 エコシステム視座	共生社会 自己実現 社会的自律性	インターベンション （方法レパートリー）	価値・知識に裏づけられた技術
問題点	「相談援助」と「地域福祉の方法」の分立	医療の論理 援助者の論理	一部の機能の恣意的な使用	接客の方法

5 ソーシャルワークにおける技術の課題

(1) 医療サービス産業の台頭と技術の接客マナー化

2005年に出版された木村廣道監修『東京大学大学院医学系・薬学系協力公開講座　企業トップが語る「医療・ヘルスケア」ビジネス最前線』[31]には、QOL向上のためのフィットネスや人間ドックからメンタルケアを経て在宅

Ⅲ　ライフモデルと社会福祉基礎構造改革

医療、介護、損害保険に至るサービスが、化粧品、サプリメント、医薬品などの市場とならんでポートフォリオとして示されている。このことは、わが国において、介護ニーズに着目した市場の拡大でさえ氷山の一角にすぎないような巨大な医療サービス産業が台頭してきていることを示唆している。図3-5は、このような医療サービス産業における介護と社会福祉援助の位置づけを示したものである（説明文の関係で「介護」や「介護支援専門員」のスペースが大きくなってしまっているが、実際には、他のサービス分野と同程度の大きさだと考えられる）。

　このようにビジュアル化してみると、(a)福祉サービス（すくなくとも介護サービス）に固有性があるというよりは、医療サービス産業という領域のなかで10分の1以下のウエイトしかもっていないこと、(b)「健康」や「予防」という保健医療のアイデアですべての分野を統合することが可能なことが示唆されるだろう。

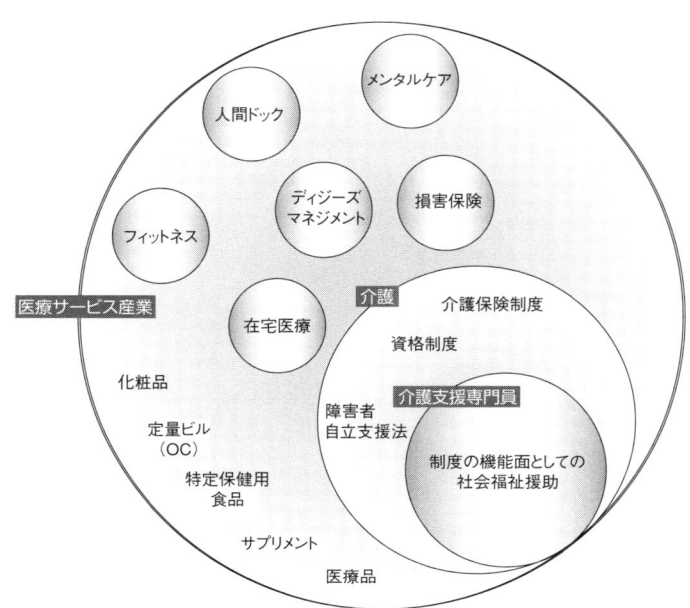

図3-5　医療サービス産業における介護と社会福祉援助の位置づけ

このような「サービス産業」においては、ソーシャルワークとは異質な原理が働いていて当然だと考えられる。表3-11は、ロジャーズ、バイステック、カーネギー（Carnegie, D.）が示した対人関係の技術をまとめたものである（ロジャーズのものについては、代表的な条件を、バイステック、カーネギーのものについては、著書の見出しにあげられた項目を拾っている）。

　バイステックが述べるように、「個別化」や「受容」といった態度がソーシャルワークの価値の表現であることに異論はない。しかし、もう一方で、よい人間関係のための「技法」だけを抜き出すと、ソーシャルワークも営利事業も大差はないと考えられないだろうか。つまり、業務としてのソーシャルワークが、セールスマンやホテルにおける接客マナーなどのノウハウと同列で語られる可能性を否定できないのである。

　ここまでの議論をふまえて、社会福祉援助における「技術」を、マーケティング、リサーチ、品質管理、消費者サービスという「顧客サービス」の

表3-11　ロジャーズ、バイステック、カーネギーの比較

ロジャーズ（出典1）	バイステック（出典2）	カーネギー（出典3）
無条件の肯定的関心	個別化	盗人にも五分の理を認める　同情を持つ　名前を覚える
	受容	まずほめる　わずかなことでもほめる　心からほめる　誠実な関心を寄せる　重要感を持たせる　期待をかける　聞き手にまわる　"イエス"と答えられる話題を選ぶ
	非審判的態度	誤りを指摘しない　顔をつぶさない　遠まわしに注意を与える
	秘密保持	
共感的理解	意図的な感情の表出	人の立場に身を置く　人の身になる　しゃべらせる　関心のありかを見ぬく　議論をさける
	クライエントの自己決定	思いつかせる　命令をしない　美しい心情に呼びかける　喜んで協力させる
自己一致	統御された情緒関与	おだやかに話す　笑顔を忘れない　誤りを認める　自分のあやまちを話す
		演出を考える　対抗意識を刺激する　激励する

出典1　Rogers. C., The Necessary and Sufficient Conditions for Therapeutic Personality Change, J. *Consult. Psy.*, 1957.
出典2　バイステック『ケースワークの原則』田代不二男・村越芳男訳、誠信書房、1965年
出典3　カーネギー『人を動かす』山口博訳、創元社、1999年

枠組みにあてはめてみたものが表3-12である。

表3-12　わが国の社会福祉援助における技術

知識	価値	方法	技法
医学・保健・福祉についての知識 心理的、社会的知識 コミュニティ・ソーシャルワーク	利用者理解　生活理解 信頼関係 その人らしい生活の保障	身体的・精神的・社会的情報 サービスの選択・活用 サービスの整備 自己評価　第三者評価	ケアマネジメント ケア・プラン コミュニケーションの技術 苦情解決　権利擁護
（マーケティング）	（リサーチ）	（品質管理）	（消費者サービス）

　このようにまとめてみると、社会福祉援助の技術が、前述した医療サービス産業の一員としてまったく違和感を抱かせることなく再構成されることが示唆される。医療サービス産業という巨大市場がソーシャルワークを呑み込みつつあることを考えるとき、「社会福祉－ソーシャルワーク」という図式が、「医療サービス産業－接遇の技法」に取って代わられようとしているという強い危惧を禁じえない。

(2) 価値の制度化と技術の科学化

　したがって、わが国においては、社会福祉基礎構造改革にともなって、実存的視座や価値が不在の、ソーシャルワークとは異質な、そして必ずしも医療の視座とも呼べないような顧客サービスとしての「技術」論が台頭し、流布しつつあることが示唆されるのである。これらは、すべてソーシャルワークにおける実存的視座の欠落に起因してはいないだろうか。

　近年、制度が整備されることで、ますます制度の機能面としての役割がソーシャルワークであるとする概念の矮小化が進行している。権利擁護の制度などが整備されつつあることを背景としてソーシャルワーク的な制度論、環境整備の論理が実践のみならず理論にまで及び、ソーシャルワークの技術を骨抜きにしかねないという強い危惧を抱く。利用者がサービスを選択できること、不適切なサービス提供を防止する方策が提供された点は過小評価されてはならないが、制度の整備やその提供のための接客マナーと、ソーシャルワークの技術とは別のものだということを再認識することが、今こそ必要であると思われる。

このような実情をふまえて、ソーシャルワーク技術における2つの科学化の方向性を示したものが図3-6である。

　わが国においては、前述したように、実践の科学化が、ソーシャルワーク固有の視座からではなく、たとえば、保健医療領域のICFという枠組みを無条件に援用するというオリエンテーションで行われている現状や、社会福祉援助において、価値と方策の不整合を制度の整備（たとえば権利擁護制度など）によって解消しようとするような価値の制度化までが起こってきている。つまり、保健医療の枠組みを用いた援助の「科学化」が、技術の接客マナー化をともなって進行していると考えられるのである。

　しかし、医療の視点は、そもそもこのようなオリエンテーションとおなじだと考えてよいのだろうか。たとえば、健康について医師の米山公啓はこう述べる。「医者が検査をし、それが正常であるから『あなたは健康である』ということが、いかに無理があるかわかっていただけたであろうか。絶対的健康を求めるかぎり、医療のどこかに商業主義が入りこむ。一病息災とはよくいったもので、なにかひとつ病気をもっていることで、それが自分のからだをいたわることになる。まさしく病気との共存をいったものだ。現代の不健康はまさにそこにある。『健康』という現代の病気は、多くの人に入りこんでいる」[32]。つまり、「健康であること」が、医療において自明のアイデアとはいえない点、つまり社会福祉において独自の用いられ方をしている点を指摘しておきたい。

(3) ソーシャルワークの科学化へのストラテジー

　これまで述べてきたことを時系列でまとめると、つぎのようになるだろう。

（Ⅰ期）社会福祉基礎構造改革と称して、さまざまな制度が再構築されはじめた。
（Ⅱ期）それらを運用するうえで必要なマンパワーとして、社会福祉士をはじめとした資格制度が制定された。したがって、それらの資格に期待され

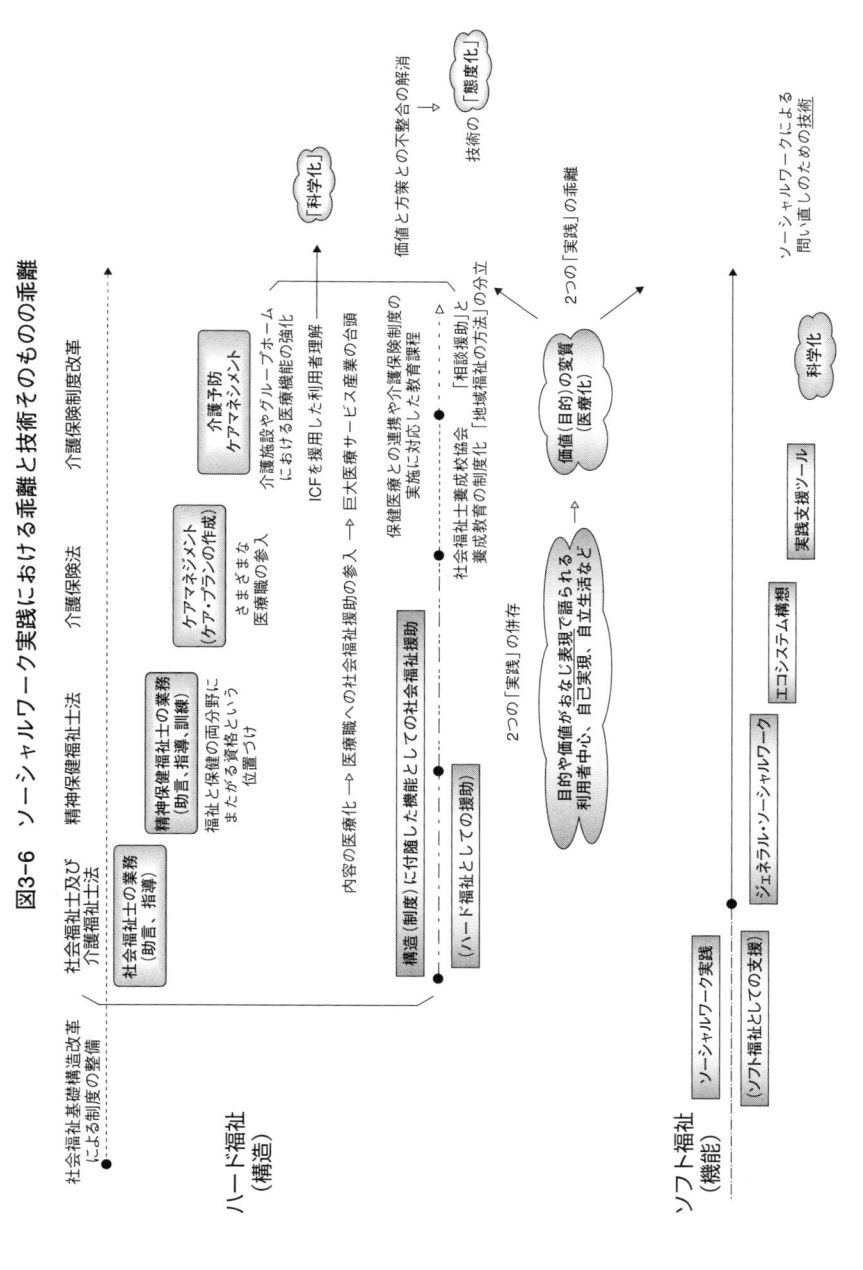

Ⅲ　ライフモデルと社会福祉基礎構造改革

図3-6　ソーシャルワーク実践における乖離と技術そのものの乖離

ハード福祉（構造）

- 社会福祉基礎構造改革による制度の整備
- 社会福祉士及び介護福祉士法
  - 社会福祉士の業務（助言、指導）
- 精神保健福祉士法
  - 精神保健福祉士の業務（助言、指導、訓練）
  - 福祉と保健の両分野にまたがる資格という位置づけ
- 介護保険法
  - ケアマネジメント（ケア・プランの作成）
  - さまざまな医療職の参入
- 介護保険制度改革
  - 介護予防ケアマネジメント
  - 介護施設やグループホームにおける医療機能の強化
  - ICFを採用した利用者理解
  - 巨大医療サービス産業の台頭
  - 保健医療との連携や介護保険制度の実施に対応した教育課程
  - 社会福祉士養成校協会養成教育の制度化「地域福祉の方法」の分立

→ 科学化

内容の医療化 → 医療職への社会福祉援助の参入 → 社会福祉援助

構造（制度）に付随した機能としての援助

（ハード福祉としての社会福祉援助）

価値（目的）の変質（医療化）　価値と方策との不整合の解消

2つの「実践」の乖離　　技術の「態度化」

2つの「実践」の併存

目的や価値がおなじ表現で語られる　利用者中心、自己実現、自立生活など

ソフト福祉（機能）

- ソーシャルワーク実践
- （ソフト福祉としての支援）
- ジェネラルソーシャルワーク
- エコシステム構想
- 実践支援ツール
- 科学化

ソーシャルワークによる問い直しのための技術

81

ている役割は、従来のソーシャルワークとは別のアイデアにもとづいている一面があり、さらに養成教育を厚生労働省が指導・監督することから、その知識までが変質を余儀なくされている現状がある。
(Ⅲ期) 介護保険制度とともに介護支援専門員が資格化され、もともとソーシャルワークがもっていた機能のひとつにすぎないケアマネジメントが、前述した養成教育や現場で大きくとりあげられるようになった。また、市場原理の導入による福祉サービスの商品化は技術の接客態度化をもたらす危険を孕んでいる。
(Ⅳ期) さらに、その方法や価値（利用者理解のあり方や目標の設定）においては、介護予防や医療機能の強化がとりざたされ、ソーシャルワークとは価値・知識・方法が異なった、そして必ずしも医療のアイデアにもとづくともいえないような、利用者の実存性を捨象した実践が、援助過程の「科学化」と称して普及しつつあると考えられる。

　ソーシャルワークとは価値にもとづいた実践であり、価値を失くした援助はもはやソーシャルワークですらない。図3-7は、これまでの議論をふまえて、社会福祉基礎構造改革にともなうソーシャルワークの変質と、ジェネラル・ソーシャルワークおよびエコシステム構想の意義を示したものである。
　この図の下の部分は、(a)知識としてのジェネラル・ソーシャルワーク、(b)方法としてのエコシステム構想と支援ツール、および(c)共生社会の実現をめざした価値を問い直す技術を提示することによって、失われつつあるソーシャルワークを再び私たちの手に取りもどすことができることを示している。つまり、エコシステム構想を、社会福祉基礎構造改革やそれにともなって整備された資格制度、養成教育などによって失われたソーシャルワークの理論、方法、価値をとりもどすためのストラテジーとして理解したい。そして、その実現のためには、利用者の実感にもとづき、支援者と協働してニッチを創造していくプロセスを促進するための技術を、体系的に示すことが必要であることを確認しておきたい。

Ⅲ　ライフモデルと社会福祉基礎構造改革

図3-7　わが国におけるソーシャルワーク理解の変化とエコシステム構想

	（Ⅰ期）ライフモデル	（Ⅱ期）社会福祉士及び介護福祉士法	（Ⅲ期）精神保健福祉士法　介護保険法	（Ⅳ期）介護保険の見直し
社会福祉援助 価値				予防（自立）　健康（自己実現）
方法		養成教育	ケアマネジメント	介護予防ケアマネジメント
知識		資格制度	福祉サービスの商品化	制度に対応した教育課程
方策	社会福祉基礎構造改革		介護支援専門員	医療機能の強化
ソーシャルワーク 価値	社会的自律性　自己実現	そのひとらしい生活	自立	
方法	インターベンション	制度や現場が期待する方法	支援方法の欠落	ソーシャルワークの不在
知識	エコシステム視座	ソーシャルワーク理論の欠落		
技法	実存的視座の欠落			
エコシステム構想 価値				共生
方法			支援ツール	協働
知識	ジェネラル・ソーシャルワーク		エコシステム構想	臨床の知
技法				価値を問い直す技術

【注】
(1) 久保紘章「社会福祉援助活動を支える諸理論」山崎美貴子・北川清一編著『社会福祉援助活動　転換期における専門職のあり方を問う』岩崎学術出版社、1998年の78頁には、"Theories of Social Casework"（1970）の編者のひとりであるロバーツの私信に「機能派アプローチは、その使命を果たした」と記されていたことが紹介されている。
(2) 秋山薊二「ジェネラル・ソーシャルワークの実践概念」太田義弘・秋山薊二編著『ジェネラル・ソーシャルワーク　社会福祉援助技術総論』光生館、1999年、52頁には、「アプローチとは対象を特定の構成要素、決定因子、もしくは特定の視点によって認識し、それを基に作成された方法や技術を用いて、クライエントの問題解決を目指す一連の体系的な実践過程のことである。モデルとは認識できる事象、現象を抽象的に、ときには隠喩的に描写するものである。すなわち、認識可能な複雑な実態の部分もしくは全体をある特定の決定因子に支配されず、一つの体系的思考形態によって描き、記述することによって、抽象的な理解を促し深めるものである」と述べられている。これにしたがえば、メタ理論としてのライフモデルは「モデル」であるが、ジャーメインなどのライフモデルは「アプローチ」として理解する方が適切だと考えられる。ただ、どちらも慣例的に「ライフモデル」と表現されているので、本書では慣例にしたがった。ただし、たとえば、表3－1や図3－2におけるライフモデルは、アプローチを指すものとして用いている。
(3) 久保紘章「ライフ・モデル」武田建・荒川義子編著『臨床ケースワーク　クライエント援助の理論と方法』川島書店、1986年、135頁。
(4) Bernard Bandler, "The Concept of Ego-Supportive Psychotherapy", H. J. Parad & R. R. Miller (eds.), *Ego-Oriented Casework*, FSAA, 1963. 日本語による紹介は、太田義弘『ソーシャル・ワーク実践とエコシステム』誠信書房、1992年、149頁などを参照。
(5) Oxley, G. B., "A Life-model Approach to Change" *Social Casework*, Vol.52, No.10, December, 1971. 日本語による紹介は、久保紘章、前掲書(3)、136-137頁などを参照
(6) Germain, C. B. & Gitterman, A., "*The Life Model of Social Work Practice, 2nd edition*", Columbia University Press, 1996.
(7) 久保紘章、前掲書(1)、88-89頁。
(8) 同書、90頁。
(9) 戸塚法子「社会福祉援助活動の歴史」山崎美貴子・北川清一編著、前掲書(1)、71頁。
(10) 岡本民夫「専門援助技術をめぐるわが国および諸外国の動向と課題」岡本民夫監修、久保紘章・佐藤豊道・川延宗之編著『社会福祉援助技術論（上）』川島書店、2004年、294頁。
(11) ケイティー・M・ダンラップ／中村和彦訳「機能理論」フランシス・J・ターナー編『ソーシャルワーク・トリートメント　相互連結理論アプローチ（上）』米本秀仁監訳、中央法規出版、1999年、527頁。
(12) 久保紘章「ソーシャルワークの実践モデルⅠ」岡本民夫監修、久保紘章・佐藤豊道・川延宗之編著『社会福祉援助技術論（上）』川島書店、2004年、227頁

(13) 厚生労働省「社会福祉基礎構造改革について」
http://www1.mhlw.go.jp/houdou/1104/h0415-2_16.html　2006年2月28日現在
(14) 山崎美貴子「社会福祉援助活動の構造と特徴」山崎美貴子・北川清一編著、前掲書(1)、5-6頁。
(15) 同書、10頁。
(16) 白澤政和「ケアマネジメント」仲村優一・秋山智久編『社会福祉援助技術』ミネルヴァ書房、2000年、108頁。
(17) 同書、121頁。
(18) 木原活信「専門援助技術（ソーシャルワーク）の歴史」同書、132頁。
(19) 北川清一「社会福祉専門職の成立過程と課題」山崎美貴子・北川清一編著、前掲書(1)、172頁には、「『実践能力』から『実践行動』へ転化する過程で伝達すべき『学問（知識）』が不明確なままにあるということは、場合によっては、専門職としてあるべきスタイルと、実践活動の実態には大きく乖離した関係があり、その溝を埋められないまま実習教育だけが一人歩きし始める危惧を抱かせる問題が放置されたままにあることを意味しよう」と述べられている。
(20) 秋山智久「社会福祉の方法と技術」仲村優一・秋山智久編、前掲書(16)、7頁。
(21) 久保紘章「ソーシャルワークの実践モデル」久保紘章・佐藤豊道・川延宗之編著、前掲書(12)、217-218頁。
(22) ただ、このようなシステムについて、山口光治は、「契約による福祉サービス利用は、契約内容を成文化してそれを遵守する形でサービスが提供される。しかし、一方で契約以外の援助については、仮にニーズがあっても提供に至らない場合も起こりうると考えられる」と述べている（山口光治「契約時代における援助のあり方」社団法人日本社会福祉士会編集『新社会福祉援助の共通基盤（上）』、中央法規出版、2004年、56頁）、つまり、契約という制度の理念が利用者保護にあったとしても、実際にはサービス提供者の保身のために援助者の論理で利用されてしまう危険性が指摘されているのである。
(23) 川田誉音「社会福祉援助技術の発展」福祉士養成講座編集委員会編『社会福祉援助技術論Ｉ』中央法規出版、2003年、97頁。
(24) 堀口久五郎「『精神保健福祉』概念とその課題　用語の定着過程の検討」『社会福祉学』Vol.44-2、2003年、9頁。
(25) 同論文、11頁。
(26) 向谷地生良は、べてるの家の実践を、「非」援助として位置づけている（とくに、向谷地生良「弱さを絆に」浦河べてるの家『べてるの家の「非」援助論　そのままでいいと思えるための25章』医学書院、2002年、188-196頁を参照）。それは、ナラティブ・アプローチとして紹介されることもあることを考慮すれば、精神保健福祉に対する利用者の立場からのチャレンジであると理解することができる。
(27) 厚生労働省、前掲URL。
(28) 厚生労働省「地域包括支援センター業務マニュアル」
http://www.wam.go.jp/wamappl/bb05Kaig.nsf/vAdmPBigcategory20/79EA61DDF2EF4633492570DC0029D9A8?OpenDocument　2005年

(29) 厚生労働省「介護保険制度改革の全体像　持続可能な介護保険制度の構築」
http://www-bm.mhlw.go.jp/houdou/2004/12/h1222-3.html　2006年
(30) たとえば、室田人志「事例研究法の試みと援助者の"ゆらぎ"の克服　事例研究法等によるエビデンスの明確化から」『同朋福祉』第12号、同朋大学社会福祉学部、2006年、229-230頁などを参照。
(31) 木村廣道監修『東京大学大学院医学系・薬学系協力公開講座　企業トップが語る「医療・ヘルスケア」ビジネス最前線　変貌する巨大市場に挑む』かんき出版、2005年。
(32) 米山公啓『「健康」という病』集英社新書、2000年、216-217頁。

IV エコシステム構想と Human Criteria

1 はじめに

(1) 本章の問題意識

　前章において、北米のソーシャルワークにおけるドミナントなアプローチには実存的視座が欠落していること、わが国の場合には、規制緩和や社会福祉基礎構造改革の流れのなかで、さらに福祉サービスの商品化や価値（利用者理解）の保健医療化が加わり、ソーシャルワーク技術がどんどん痩せ細っていっていることを示唆した。

　本章では、これらの背景をふまえて、まず、(a)実存的視座が欠落し、接客マナー化したときのソーシャルワークの技術の特徴、それにともなって(b)ストレングス理解が「科学化」という名のもとに一面的・皮相的なものになっていくことの弊害、について、チャートを用いて詳しくみていきたい。

　つぎに、(c)ソーシャルワークの歴史において「強さ−弱さ」がどのように理解されてきたのか、(d)そこには、利用者の能力そのものを焦点とした接近方法と、「認知」や意味づけに着目したアプローチがあり、実存的視座にとっては後者が重要であることを明らかにしたい。

　そして、さいごにエコシステム構想における技術についてまとめたあとで、その技術の焦点として Human Criteria を取りあげ、(e)図地反転とコンタクト、(f)意味の発見（弱さの意義）などを通して、実存的視座における利用者の能力理解のあり方について考察を深めていきたい。

(2) アートにおける乖離と技術の「態度」化

Ⅲで述べたように、北米のソーシャルワークは、1960年代に受けた批判に応えるかたちでそのサービスの即効性・明晰性・有効性を追求しようとしてきた。わが国においては、社会福祉基礎構造改革にともなって、福祉サービスが商品として位置づけられる事態が進行しており、表3－12でみたようにソーシャルワークの技術をマーケティングの原則にあてはめて整理することも可能な状況になってきている。このような背景が悪い方に作用すると、本来実存的であるべき利用者の固有性の尊重や選択といったソーシャルワークの技術が、単なる接遇の態度やマニュアル化された原則に置き換えられる可能性がある。「ドミナントなアプローチ＋倫理綱領」というソーシャルワーク実践のひな型には、実存的視座を欠いた接遇のマニュアル化という危険性が内包されていると考えられる。

表4－1は、そうなってしまった場合のソーシャルワークの技術を、Ⅲで示した表3－3をもとにして作ってみたものである。アートはそもそも価値にまつわることがらなので、価値を除いた知識・方法・技法と、そのめざすものとしての目的を項目として掲げた。

表3－3において、西洋科学の知（システム思考）と臨床の知（生態学的視座）とはそれぞれ固有の原理にもとづいているので、この2つを西洋科学の知がもつオリエンテーションにしたがって統合しようとすれば、非科学的な技術（ソーシャルワーカーの属人的な能力やアート）に期待せざるをえない点はすでに述べた。それが表4－1になると、表3－3の(a)「固有性」の行に

表4-1　臨床の知における接遇マナーと生態学的視座との乖離

知の様式	特性	能力の分野	知識	方法	技法	目的
西洋科学の知	普遍性	実践	ニーズ	機能の拡大	効率性	即効性
	論理性		システム思考	アセスメント　評価	実証性	明晰性
	客観性		手順	インターベンション	操作性	有効性
臨床の知	固有性	サービス	態度	心遣い	尊重	個性
	多様性	技術	生態学的視座	共生	エンパワメント	適応
	実存性	サービス	原則	マニュアル　フォーム	選択	ニーズの充足

おいて、利用者の生活コスモスの現象学的理解とされていたものがサービスの態度や心遣いとして、(b)「実存性」の行における気づき、選択といった技術が、マニュアル化された接遇のフォーム（たとえば、「どのようなものをお探しですか」や「いかがでございますか」といった会話の型）に置き換えられている（濃いグレーの部分）。つまり、従来アートという概念で考えられていた部分（図2-2を参照）の技術が接遇の態度に取って代わられ、臨床の知として分類されることがらの内部で、生態学的視座にもとづいた利用者理解とサービス提供におけるフォームとに乖離してしまうのである。

こうなると、残りの（薄いグレーの部分の）生態学的な視座は、単なる抽象的な理念にすぎなくなり、その実現のための技術を失うことになる。とくに、わが国の場合には、Ⅲで考察したように、支援の実存的な部分を担っていたはずの価値が保健医療化し、それにともなって知識までがその枠組みにしたがって統合されようとしている（表3-7におけるⅠ群の実践を参照）ため、知識（システム思考）と価値（実存的視座）のずれを利用者の実感に照らしつつ統合していくというソーシャルワーク技術の核心部分が骨抜きになりつつあると考えられる。

ここでの論点であるサービス提供とアートのちがいを対比してまとめたものが表4-2である。

ここで決定的に抜け落ちているのは、責任性や協働といった利用者側の要因であることを指摘しておきたい。

表4-2　アート領域における2つのアイデア
（サービス提供におけるマナーとアートとの乖離）

知の様式	特性	能力の分野	知識	方法	技法	目的
接遇	固有性→配慮	サービス（倫理綱領）	態度	心遣い	尊重	個性
	実存性→公共性		原則	マニュアル フォーム	選択	ニーズの充足
臨床の知	固有性	アート（価値）	生活コスモス	現象学的理解	尊重	ニッチの創造
	実存性		体験過程	気づき	選択	納得

(3) 実存的視座の欠落とストレングスの強調

もし、このように実存的視座を欠落させたまま、ソーシャルワーク実践が西洋科学における実証性と操作性だけを追求しようとした場合はどうであろうか。理念型として仮にそういう技術体系を作ってみると図4-1のようになると思われる。

この図では、前述した表4-1の薄いグレーの部分が、下段の色づけされた内容におきかえられている。そこでは、生態学的視座における適応能力が強調され、そのための能力開発がめざされることになる。

図4-1 実存的視座を欠いたソーシャルワークの技術

知の様式	特性	能力の分野	知識	方法	技法	目的
西洋科学の知	普遍性	実践	ニーズ	機能の拡大	効率性	即効性
	論理性		システム思考	アセスメント　評価	実証性	明晰性
	客観性		手順	インターベンション	操作性	有効性
			⇧ ⇩			
臨床の知	固有性	サービス	手順	心遣い	尊重	個性
	多様性	マネジメント	潜在能力　残存能力	開発　訓練	対処技術	適応　パワー
	実存性	専門性　倫理	原則	マニュアル　フォーム	選択	ニーズの充足

太田義弘は「価値や知識をもたない方法や技術が迷走し、その原点を理解しないまま便宜的な手段として重宝がられている(1)」と、技法だけがひとり歩きすることへの警鐘を鳴らしている。つまり、技法だけを単独で取りあげた場合、価値についてニュートラルであるため、援助者からのコントロール手段として用いられる危険性がある。換言すれば、アートや技術といったブラックボックス的なソーシャルワーカーの属人的な能力によって望ましい方向に制御しなければならなくなる。しかし、その「望ましさ」は誰あるいは何にとってなのかは場合によって異なり、単一の基準では決められない。また、訓練によって強さ（適応能力）を獲得していく過程と弱さを否定し克服していくプロセスのちがいがきわめて曖昧である。つまり、このモデルにおいては病理モデルとのちがいが不明確なのである。

つまり、パワーやストレングスを強調するソーシャルワーク実践は、効率性、操作性、実証性といった実践が要請する科学性（西洋科学によるもの）[2]の方向性と合致した場合には（ドミナントなアプローチにはもともと実存的視座が欠落しているので）、「コントロール（操作、管理）」がその焦点となる可能性が高いのではないだろうか（Ⅲにおいて、白澤政和が、マネイジド・ケアとしてケアマネジメントが用いられる危険性について指摘していることを紹介したが、それはこのような場合のことを指していると考えられる）。コントロール自体は「科学的」であるかもしれないが、その制御方法としては、きわめて非科学的なアートや技術に依存せざるをえないところに、このような実践のパラドキシカルな陥穽があると考えられる。非科学的な制御方法しかもたない実践はきわめて危険だからである。本書では、このような援助者の視点からの(a)一面的で固定的なストレングス理解と(b)コントロール、という2つの特徴をもつ援助を「パワーモデル」と名づけておきたい（後述する図4-2を参照）。

そこで、次節では、このようなパワーモデルが生まれてくる背景を解き明かすために、まず、ソーシャルワークにおけるストレングス理解を検討してみたい。そのような作業を通して、パワーモデルを乗り越えるための支援のあり方も明らかにできるのではないかと考えるからである。

2 ストレングス視座とパワーモデル

(1) 主要なアプローチにおける弱さの認識

ソーシャルワーク（とくにケースワーク）の主要なアプローチにおいて「弱さ」がどのように認識されてきたのかをまとめたものが、表4-3である。

これをふまえて、今日ではライフモデルの立場から病理モデルとして批判される精神分析的アプローチについて、ソーシャルワークの技術に関する論点を、つぎの3つに絞って検討してみたい。

表4-3　主要なアプローチにおける強さと弱さ

	弱さ	強さ	方法
慈善組織協会	道徳的欠陥		人格的感化
リッチモンド	人格の未熟さ		専門的調整
心理社会的アプローチ	自我機能の未熟さ （反復強迫）	自我の適応力	反省的考察 （理性的）
機能派アプローチ		潜在能力	関係療法
問題解決アプローチ		ワーカビリティ （能力・動機づけ・機会）	折衷的
ライフモデル		対処能力 慈恵的環境	折衷的 短期モデルを含む
エンパワメント・アプローチ		効力感 （動機づけ、アクセス）	

①利用者の可能性（潜在能力）について

　不適切な防衛機制によって歪められた体験を修正していくという精神分析の過程は、機能派がいう可能性(3)、すなわちロジャーズのことばでいえば、自己概念が有機体感覚と一致していないこと(4)によって今まで気づくことができなかった実感にめざめていくこと、と大きなちがいはないと思われる。

②利用者の弱さにかかわろうとすること

　被分析者の未成熟な部分にかかわることは、弱さにかかわることとイコールだろうか。というのは、精神分析ではクライエントとの治療同盟(5)が重視されているし、ホリス（Hollis, F.）の理論も、後期のものになると自我心理学の知見を取り入れ、自我の適応能力にも関心が向けられていたと考えられる(6)からである。治療同盟がなければ援助は成功するはずがなく、必ずしも援助者が一方的に援助を行っていたとはいえない。治療同盟とは分析家と被分析者との「協働」だからである。

③過去からの因果律で問題を再構成しようとすること

　精神分析的アプローチでは、今の不適応を、過去の心的外傷に影響を受けた反復強迫としてとらえる。しかし、転移を通して「今－ここで」それらにかかわろうとするので、利用者の実存性にかかわるための現象学的場は用意(7)されているはずである。ただし、西洋科学的な立場を保とうとするあまり、

Ⅳ　エコシステム構想と Human Criteria

実存的に理解されたものを、援助者の側が、解釈という方法によって、心的装置の力動や過去からの因果関係として論理的に時系列で再構成しようとするところにこのアプローチの特徴があるともいえる。したがって、援助技法としては、援助者の枠組みによる理解の方法を利用者に教えるという教育的スタンスを採ることになる。そのような西洋科学的な理解の方法がライフモデルから批判を受けたのだと考えられる。

　以上のことをふまえて、「弱さ」から「強さ」へという文脈に絞って述べれば、心理社会的アプローチが自我機能に着目した時点で、「強さ」にコミットしていく視点が当時のケースワークに取り入れられたというべきである。つまり、ライフモデルからの批判は、精神分析的アプローチが利用者のニーズに合致しなかったという点を除けば、部分的にしか妥当性がないかなり表面的なものだったと考えられる。
　一見論理的で明快にみえる病理モデルへの批判が、ソーシャルワークの技術に関してはこのように部分的な妥当性しかもちえないのは、実はドミナントなアプローチもまた西洋科学的な立場にこだわって実存的視座を等閑視し、ストレングスを固定的に理解してしまっていることの限界であり弊害なのではないだろうか。臨床の知にもとづいた実存的視座からみれば、強さをサポートすることも、弱さを克服することも、ともに弱さを望ましくないものとして理解している点では共通していると考えられるからである。

(2) エンパワメント・アプローチと認知
　精神分析的アプローチが自我機能の適応能力に着目するところからめばえたクライエントの強さへの関心は、ライフモデルによって、生態学的な視座から人と環境をトータルにとらえる理解へと発展し、「人間は環境によって変えられる存在だが、同時に環境を変える存在でもある[8]」というアイデアをもつことになった。エンパワメント・アプローチでは[9]、さらにこの「社会」に対する視点が推し進められ、マイノリティのグループに属する人びとが、

93

いかにしてこの社会のなかで自律的に生活していくことができるかが問題とされるようになる。個人を無力化しようとする社会的な圧力に対抗するものとしてパワーが理解されたのである。

　ここで、ストレングスとパワーに分けて、論点を整理しておきたい。

　一般に、ストレングスは、利用者に内在する能力全般（潜在的、顕在的を問わず）を指して用いられていると考えられる。コンピテンスは、ストレングスよりも幅広い内容をもった概念で、利用者の適応に関するあらゆる資質と慈恵的な環境要因を包括したものだと理解できる。

　従来のソーシャルワークのアプローチは、パールマン（Perlman, H. H.）の「ワーカビリティ」[10]概念に即していえば、能力の側面を中心にしてクライエントの「強さ」を考える傾向があった。コンピテンスのうちで動機にかかわる資質を拾いあげてみると「関心、興味、希望、向上心」[11]などになるので、やはり能力と機会（環境）に重点が置かれていると考えてよいだろう。

　ソーシャルワークの技術にかぎって述べれば、病理モデルが「利用者の弱さを治療する」、あるいはライフモデルが「利用者の強さを引きだす」というとき、その弱さや強さを判断しているのは援助者の枠組みや価値観である。つまり、ストレングス視点は、支援関係においては対等であることに価値をおくが、利用者理解については援助者中心のアプローチだということにならないだろうか。

　一方、パワーとは、バーカー（Baker, R.）[12]によれば、(a)自分自身を再定義し、自分の生活をコントロールしていく現実的なパワー、自尊感情をもつこと、(b)他者と安心できる積極的な関係を取り結び、自己主張し効果的な相互影響作用をもてること、(c)社会資源の確保のためにグループ行動をとったり、社会的発言力をもつこと、などである。

　このエンパワメント・アプローチにおいて、自律性の基礎として考えられているのは効力感[13]であり、動機づけの側面に重点を置いてかかわっていくことになる。逆説的な表現をすれば、エンパワメント以外のアプローチは、利用者の能力を中心に考えるから、彼ら／彼女らの「弱さ」や「強さ」を問

題にしなければならなかったともいえる(14)。

このことをまとめたものが表4-4である。

表4-4　主要なアプローチにおけるストレングスの内容

	能力	動機づけ	機会
心理社会的アプローチ	成熟した自我機能		間接療法　社会的弁護
ライフモデル	適応能力		慈恵的環境
エンパワメント・アプローチ		効力感	アクセス

　エンパワメント・アプローチは、利用者の能力そのものではなく効力感に着目することによって、利用者の生活コスモスにかかわるチャンネルを切り開いたという意味で画期的なアプローチであるといえる。このように考えると、Ⅲの表3-2で示したチャレンジング・アプローチ（機能派アプローチ、行動アプローチ、エンパワメント・アプローチ、ナラティブ・アプローチ）は、利用者の「認知」を重視するという共通点をもっていることがわかる。つまり、これらは強さを能力そのものとしては理解しないという点で、利用者の実存性にかかわるチャンネルをもったアプローチだといってよいだろう（このことについては次節で詳述する）。

(3) パワーモデル

　前述したように、病理モデルの特徴のひとつは、援助場面において、本来は実存的・現象学的にアプローチしているはずの内容を、その認識の過程において、西洋科学のマナーにもとづき、「原因－結果」という因果関係として時系列で再構成（解釈）することによって、援助者の枠組みから利用者の問題の本質（五感ではとらえられない抽象的な概念）を解明しようとするオリエンテーションにあると考えられる。その認識方法が、ライフモデルにおいては、ストレングスへの関心に引き継がれ、利用者の能力そのものを、システム思考にもとづいて「構造」として理解しようとするために、援助者の理解が一面的・固定的になってしまい、その結果、援助の焦点がコントロールとパワーに移っていくことになる。このことを図にしたものが図4-2で

ある。

　このような西洋科学のマナーだけにもとづいた実践の科学化（パワーモデル）は、前述したような技術のブラックボックス化と呼応していると考えられる。ソーシャルワークが、実践を、利用者と支援者の協働ではなく、利用者と環境の交互作用に対して支援者がかかわっていくという構造（図5-2を参照）からイメージしているかぎり、このようなコントロールや一面的・固定的な価値理解から自由ではありえないだろう。こういった特徴をもつパ

図4-2　パワーモデルの概念図

		病理モデル	ライフモデル
システム思考	焦点	状況のなかの人（転移関係）	人と環境
	視座	単一	複眼的
	関係性	精神力動	
		直線的	
		個人の変化　環境の改変	
生態学的視座			交互関係
			円環的
			適応しつつ環境を変える
	実存性	無意識と自我の防衛機制	
		自我の適応機能	
		洞察	
		「今-ここ」での体験としての転移	
		治療同盟	
	関心	成長（未熟な人格→成熟した人格）	ストレングス

⇩
西洋科学の知
⇩

システム思考	関係性	構造的に再構成（現在　二次元）
		分析
		コントロール
生態学的視座	原因	時系列に再構成（因果関係）
		解釈
		「弱さ-強さ」パワー

⇩
援助者の視点

ワーモデルは、利用者中心の支援とは対極に位置するアイデアだと考えられないだろうか。

3 ソーシャルワークにおけるパワーモデルとHuman Criteria

(1) システム思考と生態学的視座をつなぐ技術

現実と実存性が出会うのは、「今-ここ」という現象学的場(15)である。したがって、現実や実存性とのコンタクトを欠いた表面的な現象学的理解（共感的態度）は単なる接遇のマナー（暖かいもてなし）(16)でしかない。このようなところからは、利用者の責任性も協働のコンテクストも生まれてはこないと考えられる。

現実へのコンタクトを欠いた実存性はただの思い込みまたは自己中心的な空論にすぎず、実存性を欠いた現実認識は単なる決めつけあるいは機械的な論理でしかない。現実へのコンタクトと実存性とは相補的に機能しあってこそ意味があるのである。

このことをふまえて、前述したパワーモデル（主流のアプローチ）とチャレンジング・アプローチの認識のちがいを図示してみると、図4-3のようになると思われる。

この図のポイントは、利用者の実存性に迫るためには、西洋科学の知だけにもとづいて理解（システム思考によって分析されたものを、解釈として時系列で再構成）するのではなく、西洋科学の知（システム思考）によって把握された現実と、実存的・現象学的な本人の実感という2つの世界にコンタクトをもち、両者を「今-ここ」で比較することを通して気づきを得ていくという主体的な問い返し（フィードバック）が必要であるという点である。

このことをふまえて、表3-3をエコシステム構想にもとづいて作り直したものが図4-4である。この図をみれば、観察にもとづいた事実（西洋科学の知）と利用者の実感にもとづいた責任性（臨床の知）とは相補的に機能し

図4-3 主流のアプローチとチャレンジング・アプローチにおける認識と焦点

主流のアプローチ

病理モデル／ライフモデル（実存在・再構成・解釈／システム思考・生態学的視座）
西洋科学の知
⇩
絶対化　一義性

病理モデル／ライフモデル（実存在・関係性・分析／システム思考・生態学的視座）
西洋科学の知
⇩
コントロール

チャレンジング・アプローチ

病理モデル／ライフモデル（実存性・現象学的理解・比較／システム思考・生態学的視座）
臨床の知
⇩
認知　気づき
相対化　多義性

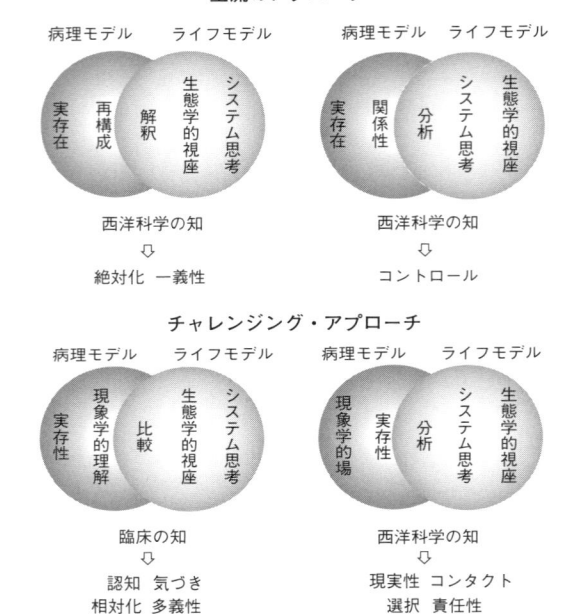

病理モデル／ライフモデル（現象学的場・実存性・分析／システム思考・生態学的視座）
西洋科学の知
⇩
現実性　コンタクト
選択　責任性

図4-4　エコシステム構想にもとづいたソーシャルワークの技術

知の様式	特性	能力の分野	知識	方法	技法	目的
西洋科学の知	普遍性	実践	ニーズ	機能の拡大	効率性	即効性
	論理性		システム思考	アセスメント　評価	実証性	明晰性
	客観性		手順	インターベンション	操作性	有効性

⇧ ⇩

西洋科学の知／臨床の知	実存性2	技術	統合性	観察（ありのまま）	生活	コンタクト
			責任性	実感	相対化（図地反転）	協働

⇧ ⇩

臨床の知	固有性	アート	生活コスモス	現象学的理解	尊重	ニッチの創造
	多様性	技術	生態学的視座	共生	エンパワメント	適応
	実存性1	アート	体験過程	気づき	選択	納得

あうものであり、この2つを介してシステム思考と生態学的視座、あるいは現実の要請と利用者の実存性とは統合されることが理解されるだろう。このことを表にまとめてみると表4-5のようになると思われる。

表4-5 アート・技術における乖離と実存性

接遇	責任性　協働	アート（価値）
システム思考	事実　コンタクト	生態学的視座

エコシステム構想は、理論と実践をつなぐ中範囲概念として構想されているが、今までみてきたことをふまえて述べれば、主流のアプローチとチャレンジング・アプローチを、「折衷」という方法で包み込むのではなく、はじめてひとつの原理で統合することを可能にした画期的な支援モデルとして理解できるだろう。

(2) エコシステム構想と Human Criteria

図4-5は、前述したパワーモデルと対比させるかたちで、エコシステム構想において、利用者の実存性と現実性にかかわっていくときの関心と焦点を示したものである。

この図に示されたエコシステム構想の支援デザインは、つぎの8つの特徴からまとめることができる。

知識
① (時系列)　　　因果関係（過去→現在）に対して体験過程（今－ここ）
② (焦点)　　　　構造に対して様式（認知に至るプロセスや価値観）
価値
③ (図地反転)　　経験の二面性、個人における絶対化（個別化）を通した相対化
④ (責任性)　　　コントロールではなく、コンタクト、選択、意味づけ
方法

⑤（システム思考）　コントロールのための分析ではなく、コンタクトのための分析
⑥（生態学的視座）　「解釈－パワー」ではなく、「比較－認知」
技法
⑦（手段）　支援ツールを用いた情報の共有と実感との照合
⑧（支援過程）　実感にもとづいて現実を問い返すことによるフィードバック

　ひと言でいえば、システム思考にもとづいて分析された情報を実感と照合するという現象学的アプローチと、利用者の体験過程や現実にコンタクトしていく方法を選択する過程を促進するという実存的アプローチを組みあわせることによって、協働して環境に働きかけていくための方法がエコシステム構想である。

図4-5　認知とエコシステム構想の技術

		病理モデル	ライフモデル	エコシステム構想
視座			人と環境	支援ツール
			複眼的	情報の共有
システマティックな関係性		構造的に再構成		実感との照合
		分析		選択
		社会的自律性		コンタクト　責任性
システム思考（西洋科学の知）				

⇩
　　エコシステム構想　　
⇧

		生態学的視座（臨床の知）		
変化		時系列に再構成		生活の推移　体験過程
		比較		認知
		自己実現		経験の二面性　図地反転　相対化
生態学的な関係性			交互関係	共生　物語の共有
			円環的　適応しつつ環境を変える	フィードバック　実感にもとづいた問い返し

トリノ・オリンピック（2006年）で金メダルを取った荒川静香は、競技の得点（審判団の基準）とはまったく関係のない「イナバウアー」（自分自身の基準）をプログラムに取り入れることで、自信を取りもどしたという。このような現実やその社会におけるドミナントな価値観を個人の実感にもとづいて問い返すための基準が Human Criteria である。

(3) その人らしい生活と QOL の 7 段階

前章で述べたように、ソーシャルワークにおいて、一方で価値の多様性の尊重を謳いながら、他方では「健康」という画一的な価値を追求するというパラドキシカルな状況が起こっている。その一例が、ソーシャルワークがその人らしい生活を支援するといいながら、そのアセスメントの枠組みとして保健領域の ICF を援用しようとすることである。ここでは、「その人らしい生活」という概念について QOL を手がかりに考察してみたい。

表4－6は、梶田叡一、鑪幹八郎、水島恵一がそれぞれ QOL について述べていることをまとめたものである。

これをみると、保健医療の視座からのアプローチが関心を寄せるのは、主にレベルⅡとⅢであり、レベルⅣについてはその一部しかカバーできていない場合が少なくないのではないだろうか。たとえば、趣味やおしゃれなどを楽しめること、ADL や活動範囲が広がることが効力感につながるとする保健医療的なアイデアなどがそうであると考えられる。

しかし、この表の核心はレベルⅤからⅦにある。レベルⅣにおける「認知」を転回点として、レベルⅤからⅦの視座からレベルⅠからⅢとⅣの一部を問い返すという構造をもっていると考えられるからである。そして、問い返しのキーワードは、限界、受動性、弱さ、脆さなどである。

副田あけみは、「問題のアセスメントを重視するジェネラリスト・アプローチは、クライエントやクライエントのおかれた状況のマイナス面に注目するとともに、正当化された専門知識にもとづいて問題を定義づけることで、結果的にクライエントの力を削ぎ、『無力化』に手を貸していることになる。

表4-6　QOLの7段階

レベル (梶田による[出典1])	課題 (梶田による[出典1])	実存的課題 (水島による[出典2,3])
I 貧しさ	人間らしい生活条件の獲得	限界の体験(いかに自己実現を欲し、いかに人間的であろうとしても、その自分の足を引っ張り、束縛し、疎外する要因)
II 病い	①健康を回復 ②身体的な苦痛からの解放	社会的な規定－抗しがたい外力など 生物学的な規定－不治の病など
III 不安、イライラ	①心理的な落ち着き ②これでいいのだという肯定感	心的装置論、行動療法(刺激に対する反応) →自覚的存在性への契機
IV 無力感・受動性	①有能感、あるいは能動性の意識 ②自己効力感	防衛的、固定的な自我の束縛からの解放 個別的生命性を生かした新しい自我 動物性・本能のもつ血生臭さ、閉鎖集団性、利己性をも含めた人格的統合
V 虚無・倦怠	①生の充実感 ②意味感 ③歓喜	限界の体験、葛藤による構造の複雑化 葛藤、矛盾、病苦、弱さ、衰退、死などの受容 →存在に根ざした自覚化、精神化 →不可能は不可能であることを知ること、そしてその認識に立った上で、それを受け入れ、あるいはそれを個人的社会的に超克していく実存を自らに課すこと ・「自己に忠実に選択する」、「なすべきことをする」と表現される実存 →生命の自己実現からも見放され、そしてそれに耐える実存的忍耐さえままならない、だらしない喘ぎ喘ぎの実存の評価 ・「人に迷惑だけはかけない」、「ただ黙々と与えられたつとめを果たす」などと表現される実存
VI 世代性 (鑪による[出典1])	もう一度世の中に帰って、そこでみんなと生きる喜び	自己と他者あるいは集団・人類・自然という規模において存在の系が成り立つこと 自他の矛盾、分離の事実をはっきりふまえながら、再統合の道を志向する実存としての愛
VII 精神的枠組みの変革	①大きな命の流れのなかでの「私」 ②意味そのもの ③自分はこういう意味での大きな流れのなかにいる	突然訪れる体験(年齢や人格の成熟度などに関係なく) →体験のあとの人生にかならずしも影響しない 受動的に大きな存在において生かされるという体験 超越境を実感できないときでも、なおかつそこに賭ける態度 →人間の限界の自覚と深く関係している

注　レベル・課題の列のI〜VおよびVIIは梶田の提示した分類であり、VIはそれに対する鑪の修正意見である。
　　その右側の実存的課題の列は水島の説を、梶田・鑪の分類にしたがって対応させた。
　　この表における記述は、すべて引用であるが、それぞれの概念の対応関係は、筆者がまとめたものである。

出典1　小花和昭介・奈倉道隆・宮本美沙子・柏木恵子・鑪幹八郎・梶田叡一「クオリティ オブ ライフの意味を問う」『人間性心理学研究』第17巻、第1号、1999年
　　2　水島恵一「人間性の諸相と実存」『人間性心理学研究』第11巻、第1号、1993年
　　3　水島恵一『人間の可能性と限界　真の自己を求めて』大日本図書、1994年

また、システム論に依拠するジェネラリスト・アプローチは、システム維持かせいぜいシステム改善の援助方法を提示するだけであって、クライエントに現状に適応するよう求め、結果的にクライエントの文化（価値観や生き方、主体性）を抑圧していることになる」と述べている。

副田の指摘の前半は、まさに前述したパワーモデルのアイデアであって、このような主流のアプローチを問い返すものとしてポスト・モダンのアプローチ（ナラティブ・アプローチなど）が理解されている。つまり、レベルⅣにおける認知こそが、利用者の実存性に迫る鍵だと考えられるのである。
　筆者は、このような個人の実存によって問い返された価値をHuman Criteriaとして自己実現の鍵を握るものとして考えたい。そこで、次節からは、このHuman Criteriaについて詳しくみていくことにしたい。

4　Human Criteriaの諸相

(1) 実存的視座と精神的健康性
　これまで、(a)実存的理解の欠落とストレングス理解の画一化（一元化）・皮相化とは軌を一にしていて、それはそのまま利用者中心の支援から援助者中心の援助へという道すじをたどること、(b)エンパワメント・アプローチにおいては操作性（分析）と実存性（認知）をつなぐものとして生活コスモスにおける主体的なコンタクトと選択の意義が大きいこと、をみてきた。
　一般には、個人のストレングスは、単純に「できること」を意味するのではなく、たとえばICFにみられるように、そのような個人の能力と環境的要因の関数であると考えられている。しかし、実際には、そのように単純な（一面的な）ものではないと思われる。能力の有無と精神的な健康性とは別のことがらだからである。
　病理については一定の共通理解があるが、健康な人格について述べられたものは、筆者の知るかぎりではあまり多くはない。ソーシャルワークにおいても、病理モデルにはフロイトの人格論という背景があるが、健康な生活というとき、「強さを見つける、残存能力あるいは潜在能力を活用する」という表現以外のものをみかけることは少ないのではないだろうか。
　倉戸ヨシヤは、マズロー（Maslow, A. H.）の「自己実現した人間」やロジャーズの「十分に機能した人間」などのアイデアを概観したのちに、つぎ

のように述べる。精神的健康性は、「言語、感情、行動の各々のレベルにおいて、自らが自らになる過程、すなわち、意味を発見したり、意志をもち、かつ、選択する主体としての心的ゲシュタルトが形成されて、統合された人格像へと志向する過程にみることができると仮定されよう。そして、その過程は、欲求の図地反転が『今－ここ』という現象学的場において円滑におこなわれたり、また、経験の二面性に気づくことができるときに、だれにでも可能になり、また促進されると思われる」。

　ここで指摘しておきたいのは、倉戸が概観している研究者は実存的・現象学的心理療法の立場に立つ人たちばかりだということである。逆の表現をすれば、それ以外の立場の人たちは精神的健康性にはあまり関心を払わないことが示唆される。

　つぎに、倉戸の説をもとに精神的健康性のキーワードを拾ってみると、健康性の内容や価値の問題に関するものとして、(a)経験の二面性、(b)図地反転、(c)意味の発見の3つが、そして、健康性の条件や支援技法の問題として、(d)「今－ここ」という現象学的場、(e)選択の主体であること、(f)コンタクトの3つがそれぞれみつかる。これらは、利用者の実存性に迫るためのアイデアとしてきわめて有用であると考えられる。そこで、ここからは、これらを、(a)経験の二面性、(b)「今－ここ」でのコンタクトと図地反転、(c)意味の発見と選択の主体であること、という3つにまとめて順番に考察していきたい。

(2) 経験の二面性

　筆者は社会福祉援助技術演習のクラスで、つぎのような演習を行っている。

　　　学生を4～5名のグループに分け、ひとりずつ長所と短所をそれぞれ5つずつ書かせる。そのあとグループのメンバーで話しあって、それぞれの長所を短所に、短所を長所に書き直させる。

　そのときの結果の一部を示したものが表4－7である。

表4-7　長所と短所の図地反転

長所	短所
・意志が固い	・融通が利かない　がんこ
・だれとでもなかよくできる	・八方美人
・明るい	・感情の機微に疎い　能天気
・やさしい	・はっきり意見が言えない　思わせぶり
・素直	・疑問をもつ能力に乏しい　悪に対して無防備

短所	長所
・しつこい	・粘りづよい
・優柔不断	・慎重
・あきっぽい	・切り替えがはやい
・裏表がある	・世知に長けている
・暗い	・おせっかいをしない　感情が深い

　この結果はよくいわれることではあるが、長所は短所であり、短所は長所であることを示している。それは、強さは弱さであり、弱さは強さでありうるということでもある。つまり、長所と短所、強さと弱さは別々のものではなく、おなじものの両面、あるいは図と地（背景）であって、視点や認識の仕方によってどちらに理解することも可能であることが示唆される。

　つまり、実存的・現象学的視座からみれば、ストレングスとは認知のあり方（様式）であって、何かの資質の内容ではない。事実は変わらなくても「意味づけ」は変えることができるからである。しかし、その認知の変化は、「今-ここ」という現象学的な場においてしか起こらない。過去や未来、あるいはここではないどこかのことがらを扱っていたのでは起こりえないのである。

　表4-8は、このようなことをふまえて、さまざまな分野で弱さがどのように理解されているのかをまとめたものである。

　筆者がこの表で述べたかったのは、このような広範囲にわたる分野において、弱さや短所、欠点といったものがそのままで活かされることがあるし、それは積極性や主体性ではなく、受動性によるところが大きいことに言及されている事実である。それは神学や哲学から大衆ドラマ、流行歌にまで及んでいるので、ある程度一般的で身近なものだということができると思われる。

表4-8 弱さ、短所の認知様式と対処

分野	論者、タイトル他	内容
ソーシャルワーク	久保紘章	健康な状態になることだけが、入院の意味、ひいては生きる意味ではない。そのままの状態でいい。「弱者」を生きている者にしかわからないもう一つの世界がある。(出典1)
	佐藤豊道	人間が本質的にもっている弱さの部分に光をあてることが、ソーシャルワークの出発点であってほしい。それが人間の尊厳性を守り育てていく端緒であると実感する。(出典2)
	向谷地生良	「人間とは弱いものなのだ」という事実に向き合い、そのなかで「弱さ」のもつ可能性と底力を用いた生き方を選択する。(出典3)
臨床心理学	倉戸ヨシヤ	弱いときに弱いと思えるのは生身で生きている証拠なのではないか。感じられる証拠なのではないか。(出典4)
	水島恵一	弱さや矛盾等も受け入れ、その前提に立って可能な自己実現の道を求めることは、ある意味では、より成熟した態度を必要とする。(出典5)
	上田吉一	(これらすべてを満たした)人は現実にはいないし、またたとえいたとしても、それは却ってまともな人間にはならないであろう。(出典6)
哲学	鷲田清一	他のだれかに身をまかせなければ生きていけないひとが、無防備なまでにありのままの「弱い」じぶんを開くことで、逆に介助する側が個人的に抱え込んでいる人生へのこだわりや鎧をほどいていく。(出典7)
神学	ティリッヒ (Tillich, P.)	生きる勇気とは、われわれが受け容れられえない者であるにもかかわらず受け容れられているそのわれわれ自身をわれわれが受け容れるという勇気である(出典8)
宗教	無名詩	成功を求めて 強さを与えて欲しいと、神に求めたのに 私は弱さを与えられた 謙虚に従うことを学ぶために…… より大きな仕事が出来るようにと 健康を求めたのに 私は病弱を与えられた 少しでもよいことが出来るようにと……(出典9)
当事者体験	大谷貴子 (日本骨髄バンク推進協議会)	生きていると実感するとき 自分の力じゃないところで生かされている。(出典10)
文学	宮澤賢治	日照のときは涙を流し 寒さの夏はおろおろ歩き みんなにでくのぼうと呼ばれ ほめられもせず苦にもされず そういう者に私はなりたい。(出典11)
エッセイ	森毅(数学者)	すべての人間は、どこかしらドジなところがある。……極端な言い方をすれば、ドジなところこそ、人間の根源にかかわっている。(出典12)
ドラマ	『風のハルカ』	人間ちゅうんはアナログで不器用でしょ。こげんあっち傾いたりこっち傾いたりしながらバランスとって、おぼろげに立っちょるしかないんよね。(出典13)
流行歌	YUI	涙こんなても 次の朝がやってくるたびごとに 迷うことってあるよね 正しいことばかり選べない それくらいわかってる(出典14)
工業製品	神立尚紀(写真家)	(このレンズの)F1.4開放で夜景など撮るうものなら、これはもう、ゴースト、フレアのオンパレード、点光源の周囲に蝶々が乱舞する、まさに収差の見本市である。しかし、同じ絞り開放でこのレンズに適した条件を満たせば、フワッとした光のにじみが美しく、まるで夢のなかにいるかのような描写となる。とくに女性の髪の写り方がきれいだ。(出典15)

出典 1 久保紘章『自立のための援助論 セルフ・ヘルプ・グループに学ぶ』川島書店、1988年、119頁
 2 佐藤豊道「巻頭言」『ソーシャルワーク研究』Vol.28、No.2、2002年、1頁
 3 向谷地生良「弱さを絆に」浦河べてるの家『べてるの家の「非」援助論 そのままでいいと思えるための25章』医学書院、2002年、196頁
 4 倉戸ヨシヤ『図地反転 セラピストは語る』(財)関西カウンセリングセンター、1996年、26頁
 5 水島恵一「人間性の諸相と実存」『人間性心理学研究』第17巻、第1号、日本人間性心理学会、1993年、5頁
 6 上田吉一『人間の完成 マスロー心理学研究』誠信書房、1988年、146頁
 7 鷲田清一『〈弱さ〉のちから ホスピタブルな光景』講談社、2001年、201-202頁
 8 ティリッヒ・P『生きる勇気』『ティリッヒ著作集第9巻 存在と意味』大木英夫訳、白水社、1978年、178頁
 9 この詩は、南北戦争当時の南軍の無名の一兵士が書いたものとして、柏木昭「障害者福祉の理念」柏木昭・髙橋一編『精神保健福祉士養成セミナー第4巻 精神保健福祉論』へるす出版、1998年、34-35頁に紹介されている。
 10 毎日放送『情熱大陸』2005/3/13放映分
 11 伊藤整・亀井勝一郎・中村光夫・平野謙・山本健吉編『日本現代文學全集40 髙村光太郎 宮澤賢治集』講談社、1980年、292頁。なお原文はすべてカタカナ表記・旧仮名遣いであったが、筆者が漢字交じりの現代文に直した。
 12 森毅『まちがったっていいじゃないか』ちくま文庫、1988年、21頁
 13 NHKテレビドラマ『風のハルカ』2006/2/22放映分
 14 YUI「TOKYO」ソニー・ミュージックエンタテインメント、2006年
 15 神立尚紀「SUMMILUX 35mm F1.4」写真工業出版社編『世界のライカレンズ Part1』写真工業出版社、2003年、65頁

さらにいえば、利用者の生活コスモスは、このような価値観から成り立っている場合がありうるのである。一般化することには慎重でなければならないが、私たちはコントロールの不可能なもの（限界）や愚かさ、脆さなどを抱えつつ、「それにもかかわらず」今をより豊かに生きることが可能になるような認知のあり方を模索し続けているのだという点を指摘しておきたい。それこそが自己実現といわれるものの核心だと筆者には思えるのである。

(3) 「今－ここ」でのコンタクトと図地反転

　前節において、QOLのレベルVが限界や弱さ、脆さに関することがらであり、それらがレベルIVの認知を転回点として図地反転していくことを指摘した。ここでは、そのときにコンタクト（関係性）が関与していることを考察していきたい。

　NHKのドラマ『風のハルカ』には「食べることは大事や。だって私、おなか空いたもん。辛くても悲しくてもおなかは空いた[20]」という台詞がある。これは、心が絶望しているときでも身体的には生きるための活動が続いていることへの気づきであり、絶望が図から背景に退き、今度は空腹感が図になったことを示していると考えられる。つまり、絶望が図になっていたとき、背景であった（潜在していた）空腹感という身体的な生きる衝動に気づいた瞬間なのである。そして、気づいたときには、すでに認知ががらりと変わっている。認知の変化によって人は変わるのではなく、認知の変化こそが変化のすべてであり、変わったことに人はあとで気づくのだと考えられる。

　しかし、そのためには、自分の実感としての空腹感とコンタクト（関係性）をもつことが不可欠である。空腹だと気づいたとしても、それを単なる身体的な情報として客観的に認知し、それとは関係をもたずに過ごすことも可能だからである。つまり、実感とかかわりをもち、その実感にコミットするときに認知そのものが変化するといえるのである。

　おそらく弱さを受容できているかどうかは、ただの結果にすぎない。向きあっているかどうかがたいせつなのである。弱さとコンタクトをもち続けて

いること、久保紘章のことばを借りれば「自覚的に病んでいること[21]」が必要なのだということである。それは利用者の責任性につながることがらである。

　鑪幹八郎は「深い孤独感と絶望感をもって、しかも関わりの無い状態のなかでは、私たちは生きてゆけない[22]」と述べている。阪神淡路大震災の際に筆者が感じたのは、風景（自然）でさえ、私たちの人生と深くかかわっているということである。今まで慣れ親しんだ風景との「かかわりを断たれる」体験は自分の存在の根底を揺るがされるものであった。しかし、このことは逆に考えれば、私たちは深い孤独感と絶望感に打ちのめされたときでも、何かとのかかわりがあれば生きていけるということでもある。この何かは、必ずしも人である必要はなく、自然や超越的な何ものかでもよい。倉戸ヨシヤは松に向かって語りかけたし、表4－8で引用した大谷貴子は自分を超えた存在によって生かされていると述べている[23]。信仰に生きる人は旧約聖書に登場するヨブの例を出すまでもなく神の愛や仏の慈悲を無条件（ア・プリオリ）に信じているだろう。

　筆者は、社会福祉援助技術演習のクラスで、自分が思い描く自分の人生（ライフ・ヒストリー）を書いてから、彼ら／彼女らの家族におなじこと（その学生のライフ・ヒストリー）を聞き、その2つを読み比べてどうだったかをレポートさせている。一般的には、この2つはおなじではない場合がほとんどである。では、そのどちらが自分の人生なのかと考えさせてみると、答えは2つに分かれる。ひとつは、自分の書いた方が自分の人生であり、家族に聞いたものは「家族が思い描いた自分の人生」にすぎないというものである。もうひとつは、自分の書いた人生は思い出せないところがあったりして不十分であり、そのどちらもが自分の人生だとするものである。この2つを音楽にたとえると、前者は旋律だけで成り立つ音楽であり、後者は交響的なハーモニーの音楽だということができる。前者のアイデアをまちがいだということはできないが、後者のようなおたがいの人生を相互に分かちあっているというアイデアを採用した方が人生は豊かになるだろう。これが、潜在

的な関係性に気づき、その関係性を生きるということにつながっていくのではないだろうか。

　また、人間はひとりで生きているわけではなく、生態学的にいえば相互に影響を与えあいながら（交互作用のなかで）生活している。このことをふまえれば、たがいに納得したうえで、相互依存にもとづいた関係を選択できる力もまたストレングスだといえる。

　生態学的視座とは、このような多義性を基礎として、個人が尊重され、社会においておたがいの価値や思想が相対化されること（それは、個人の自律における限界を分かちあうことでもある）を通して共生できる仕組みを作りだしていくことを可能にするアイデアであると考えられる。

　今まで「地」（背景）になっていて関心をもっていなかった内容との関係を築いていくことは、潜在能力へのコンタクトのひとつであり、それに気づくことで人は支えられると感じる。つまり、漠然とした実感を手がかりにして潜在的な関係性に気づいていくことが図地反転のポイントであると考えられる。

5　認知とエコシステム構想

(1) 意味の発見

　意味とは、対象にあらかじめ内在しているものではなく、私たちが自分の実感に照らして選び取るものである。つまり、経験の二面性に気づくことができ、そのうえでどちらかを選択できる力としてストレングスを理解したい。この理解では、自分自身の実感に応答していく能力（responseへのability）がストレングスであり、それは利用者の責任性（responsibility）と表裏一体のものだということになる。久保紘章が述べている「われわれはむしろ適度に健康で適度に病んでいるほうがいいのではないか」という「健康すぎる（severe normality）」人間観への危惧は、このような二面性へのコンタクトを表現していると考えることもできるだろう。

前述した『風のハルカ』には、このような図地反転による関係性の変化がほかにも表現されている。主人公の妹は幼い自分のこどもにこう話しかける。「おかあさんのおとうさんとおかあさんはね、おかあさんが小さい頃に離婚しちゃったんだよ。私たち悲しかったけど、私たちばらばらだったけど、でも私もおねえちゃんも本当はおとうさんとおかあさんがだいすきで、私もおねえちゃんもおとうさんとおかあさんにいっぱい愛されて育ったんよ。いっぱい愛されて。だから、傷ついたけど、いっぱい傷ついたけど、私たちしあわせやったんよ[25]」。

　また、この台詞に登場する父親は、すきなくせに傷つくのが恐くて娘（ハルカ）を置いて立ち去ろうとするカメラマンに「でも見てください。人のきずなは簡単には切れない。孤独は楽です。さびしいっていう気もちさえなくせば、こんな自由はない。でも、人はやっぱりさびしいんです。あなたが思うより、人はさびしがりで、あたたかいんです[26]」と話す。そして、何か月か経って帰ってきたカメラマンは、ハルカにこう話すのである。「どないしてくれんねや。ずーっとひとりで平気やったんやで。ひとりで楽しかった。そやのに今は石ころ見ても空見ても、君を思い出す。どこの国にいててもどこの街におっても、ええ天気でも雨でも雪でも嵐でも君に会いたくなる。君と話がしたくなる。いつのまに俺はこんなに不自由になってしもたんや[27]」。

　これらは、すべて図地反転であって、今まで傷ついた歴史であった自分の人生をしあわせだったと感じたり、自由を謳歌していた人間が不自由を愛していると語るのである。

　ただ、そのためには、原因を探すのではなく、プロセスを相手の内的な準拠枠に沿ってそのまま理解していこうとする現象学的な姿勢と、そのプロセスがどのような内容であっても目を背けずに向きあう（責任性）という実存的理解が不可欠である。倉戸ヨシヤが述べているように「強いと思っていることは弱さであり、弱いと思っていることは実は強さ[28]」であり、相田みつをがいうように「しあわせは　いつも　じぶんの　こころが　きめる[29]」のである。このような個人の実感にもとづいた価値判断の基準がHuman

Criteria である。

(2) 認知と対処

つぎに、そういった限界や愚かさ、脆さへの対処について考察する。前述した表4－8で取りあげた大谷貴子は、「自分で守らなあかんいのちなんやから、叫んで、叫んで、じたばたしたらええの」と語っている。これは、今まで述べてきた用語に置き換えれば、実感とコンタクトをもつことということができる。ここでは、それに加えて、①認知、②関係性、③状況という3つのキーワードから、失意に対する対処をみていきたい。

①認知（cognition）

経験の二面性、すなわち強さは弱さであり、弱さは強さであることについてはすでに述べた。ここでは、私たちは、深い失意のさなかでさえ、ときに（科学的に考えれば）到底信じがたいものを信じようとしたり、希望をもとうとすることをみておきたい。映画『ディープ・インパクト』では、巨大な隕石の衝突によって絶滅の危機に瀕している人びとをまえにして、大統領はこう語る。「なぜなら、神が、つまりみなさんがそれぞれ存在を思い描いているそのお方が、すべての人の祈りを聞いてくださることを、私は信じているからです。たとえ、その答えが『否』であったときでも」(31)（訳は筆者）。また、寺山修司は、ゲオルグ・ゲオルギウのことばとして「もし世界の終りが明日だとしても私は今日林檎の種子をまくだろう」(32)を紹介している。つまり、私たちは、どう認知するかについて選択することができ、たとえ客観的には絶望的な状況であっても、それにもとづかずに生きることもできるのである。

②関係性（relationship）

いじめが原因で自殺をしたこどもの父親である大河内祥晴は、「弱い部分、みっともない部分を子どもにみせていいんじゃないかなあ」と語り、彼のインタビューを担当した作家の重松清は「親が弱いところをみせていないと、子どもも弱いところをみせられないんだろうなあ」と述べている。(33)支援者が利用者に「ストレングス」を期待すれば、利用者はその期待を敏感に感じ

取り、期待に応えようとすることはめずらしいことではない。支援者が弱さを弱さとして実感できることが利用者の支えになる場合があることをここでは確認しておきたい。

　また、「涙そうそう」の作者である森山良子は、「この歌を作るまでは、ひとりになるたびに泣いていた。この歌を作ったことで、みなさんにはげましてもらったことで癒された[34]」と語っている。テレビドラマにも、「いい友だちをもっている子はがんばれる。私が選んだのはカイだけじゃなかったの。二人を選んだの[35]」（アニメ『雪の女王』）。「人はだれでも弱いものだ。でも、だれかのためになら強くなれる[36]」（ドラマ『医龍 Team Medical Dragon』）という台詞がみられる。Human Criteria からみれば、私たちは、(a)「わかってくれる人がいると強くなれる」（受動的）、あるいは(b)「守りたい人がいると強くなれる」（能動的）のであり、どのような関係性のなかで生きているかによって、強さは変化するのだということができる。

③状況（situation）

　「火事場の馬鹿力」といわれるように、ある特定の状況においては思いがけない力を発揮できることがある。たとえば、阪神淡路大震災のときに筆者が体験したことであるが、震災があった日から2〜3日間は、自分でも驚くほど人にやさしく親切に接することができた。しかし、その性向は、そののちの生活には影響を及ぼさず、しばらくして筆者は以前とおなじような人間にもどったのであった。つまり、こういったことはある特定の状況に依存して起こってくることであって、ふだんの生活には般化されない限定された能力であるということができるだろう。

　私たちは、これまで、能力を表4-9のような様式で理解してきた。

表4-9　従来の能力理解

	理解の様式	方法
残存能力	消失（−）と残存（＋）	診断　アセスメント
潜在能力	顕在（図）と潜在（地）	気づき

Ⅳ　エコシステム構想と Human Criteria

　しかし、前述したように、私たちの能力は、認知、関係性、状況といったその人が生きているコンテクスト（実存性）に依存しているので、可変的なものとして理解されるべきである。すなわち、能力は、固定された構造をもつ「残存能力＝もともとの能力－消失した能力」あるいは「顕在している能力＋潜在能力」といった公式によって表されたものとはイコールではないということである。したがって、本書ではこれを構造的能力（structural ability）として、Human Criteria における能力理解とは明確に区別しておきたい。

　Human Criteria にしたがえば、能力はつぎのような公式で表すことができるだろう。

　　$Ex = f(C, R, S)$　　　Ex：実存性　C：認知　R：関係性　S：状況
　　$A = f(En, Ex, SA)$　　A：能力　En：環境　SA：構造的能力

　　実存性（あるいはその人が生きているコンテクスト）とは、認知、関係性、状況の関数（f）であり、能力は、環境、実存性、構造的能力の関数である。

　つまり、能力とは、システム思考によって把握される環境（客観的現実）と、実存的視座によってとらえられる個人の実存性とによって、変化していくものとして考えたいのである。このような能力理解は、本書で展開している技術理解（客観的現実を個人の実存性〈実感〉にもとづいてとらえ返すために、利用者と支援者が協働すること）と呼応していると考えられるからである。

　北米におけるソーシャルワークは、1960年代に弱さを扱うことが利用者のニーズではないことがわかったので、利用者の健康な部分に着目するようになった。しかし、向谷地などがふたたび「弱さ」に着目した提言を行っているのは、強さに着目することもまた、必ずしも利用者のニーズに合致していたわけではないということなのではないだろうか。つまり、援助者中心の援

助論だと考えられるのである。

　以上のことをふまえると、このような援助者中心の援助論に異議を唱えて「非」援助論を展開するべてるの家のいう「弱さ」[37]とは、弱いがゆえに仲間との相互依存関係という「関係性」を形成（共生の一形態）し、弱さを助長する「状況」を回避（コンタクトの一形態）し、そのような弱さの意義を「認知」（自覚的に選択）している「強み（advantage）」または適応能力だということができる。別の表現をすれば、前述した認知、関係性、状況の３つは、弱さを契機としてひらかれてくる適応能力の条件だといえるだろう。しかし、それを利用者が（たとえば、べてるの家のように）「強さ」と呼ぶとはかぎらないことを指摘しておく必要があると思われる。

(3) 科学化の方向性

　ライフモデルが、「個人か社会（環境）か」という議論に決着をつけた意義は大きい。システム思考や生態学的視座を得たことによって、ソーシャルワークが大きく発展していく先便が付けられたことも過小評価されてはならない。しかし、以下のことも看過されるべきではないと考える。

　Ⅱで述べたように、ライフモデルが紡ぎだしたソーシャルワークの歴史理解によれば、病理モデルは弱さにかかわる実践であり、克服されるべきモデルである。しかし、強さを尊重することと、弱さを克服すべきものとしてとらえることとはおなじベクトル上の思考であり、パラダイム転換というよりは、おなじものの言い換えにすぎないとも考えられる。

　これまでみてきたように、病理モデルは利用者の自我の強さを前提とし、そのうえでの治療同盟（協働）がなければ成立しえないモデルであり、必ずしも弱さのみにかかわろうとしたわけではない。しかし、ライフモデルが利用者の「強さ」だけを前面に押しだした結果、弱さのなかに思いがけない強さを発見したり、強さのなかに弱さや脆さをみたりするような実存的な人間の営みもまた顧みられなくなってしまった。自己実現、自己選択、健康が強調されすぎることは一種の強迫であり、価値や生き方の二面性や多様性を認

めない認識のあり方だからである。このことが、病理モデルとライフモデルとは異なったパラダイムにもとづいたモデルであるという理解を一般的にし、利用者の強さをサポートすることが利用者中心の支援であるとするソーシャルワークにおけるドミナント・ストーリーを作りだしたのだと考えられる。

　このような西洋科学が提案する「科学性」の枠組みからしかものごとをみることができず、その限界に気づかないまま「強さ－弱さ」というベクトルで考えることを要請する「パワーモデル」は、理論と実践の乖離をアート、技術といったブラックボックスによってブリッジしようとする「非科学的」な能力や実践をソーシャルワーカーに求めざるをえないというパラドックスを指摘しておきたい。そのような限界やパラドックスの克服は、実存的・現象学的理解によって得られた実感によってその意味を選び取るような支援科学としてのソーシャルワークによってこそなされるはずである。

【注】

(1) 太田義弘「はじめに」太田義弘・中村佐織・石倉宏和編著『ソーシャルワークと生活支援方法のトレーニング　利用者参加へのコンピュータ支援』中央法規出版、2005年。
(2) 中村雄二郎『臨床の知とは何か』岩波新書、1992年、129-136頁を参照。
(3) スモーリー「ケースワーク実践に対する機能派アプローチ」ロバート・W・ロバーツ／ロバート・H・ニー編『ソーシャル・ケースワークの理論Ⅰ　7つのアプローチとその比較』久保紘章訳、川島書店、1985年、92頁において、彼女は、「人間の基本的ニードとは、快楽ではなく、もっと生き生きと生きること、内にひそむエネルギーを、統合のためにもっと活用すること、生命の過程と戦うのではなく、共に生きること、自分の関係能力または創造力（それがどんなにとるにたりないものであっても）を見つけだし、活用すること、である」というタフトのことばを引用している。
(4) たとえば　ロージャズ「パースナリティ変化の必要にして十分な条件」『ロージャズ全集4　サイコセラピィの過程』伊東博編訳、岩崎学術出版社、1966年、および、ロージャズ「自己が真の自己自身であるということ　人間の目標に関する一セラピストの考え」村山正治編訳『ロージャズ全集12　人間論』岩崎学術出版社、1967年、180-185頁などを参照。
(5) 上里一郎・鑪幹八郎・前田重治編『臨床心理学大系8　心理療法②』金子書房、1990年、20-21頁を参照。

(6) ホリス「ケースワーク実践における心理社会的アプローチ」ロバート・W・ロバーツ／ロバート・H・ニー編／久保紘章訳、前掲書(3)の35頁には、心理社会的アプローチが影響を受けた人物として、自我心理学の基礎をきずいたアンナ・フロイト（Freud, A.）や自我の適応機能を強調したハルトマン（Hartmann, H.）の名前があげられている。
(7) 松木邦裕は、「大場登『ユングの「ペルソナ」再考』への書評」（『心理臨床学研究』第19巻、第2号、日本心理臨床学会、2001年、196頁）において、「いまここでの転移を扱わないでどのようにして治療者はクライエントの切迫した深い思いに触れられるのであろうか」と述べている。
(8) 久保紘章「ライフモデル」武田建・荒川義子編著『臨床ケースワーク　クライエント援助の理論と方法』川島書店、1986年、139頁。
(9) Solomon, B. B.,"*Black Empowerment : Social Work in Oppressed Communities,*" Columbia University Press, 1976.
(10) ヘレン・H・パールマン『ソーシャル・ケースワーク　問題解決の過程』松本武子訳、全国社会福祉協議会、1967年、225-244頁を参照。ここには、ワーカビリティとして、援助を求める動機づけのほかに、援助を用いる能力、情緒的能力、知的能力、身体的能力があげられていて、能力そのものの比重が大きいと考えられる。
(11) 秋山薊二「コンピテンス促進の戦略と技術」太田義弘・秋山薊二編著『ジェネラル・ソーシャルワーク　社会福祉援助技術総論』光生館、1999年、132頁。
(12) 久保美紀「エンパワメント・アプローチ」岡本民夫監修、久保紘章・佐藤豊道・河延宗之編著『社会福祉援助技術論（上）』川島書店、2004年、275-276頁。
(13) この議論については、拙論「ソーシャルワークにおけるセルフヘルプ・グループ　エンパワメントとQOLの視点からの検討」『同朋大学論叢』第84号、同朋大学、2001年、83-87頁、および、久木田純「エンパワメントとは何か」久木田純・渡辺文夫編『エンパワメント〈現代のエスプリ376〉』至文堂、1998年、10-34頁を参照。後者の17頁には、エンパワメントが内発的動機づけとの関連で述べられている。
(14) 波多野誼余夫・稲垣佳世子『無気力の心理学　やりがいの条件』中公新書、1981年、35-44頁には、失敗を自分の能力不足のせいにする傾向の強いこどもほど、無力感に陥りやすいことが述べられている。
(15) 倉戸ヨシヤは、この概念について、「たとえば面接において、今、経験しつつある現実は、まさに『今－ここ』という場で生起している現象であるが、その現象そのものの総称をいう。ゲシュタルト療法では、この『今－ここ』を現在性（presentness）といって重要視する。現在性こそが、クライエント理解や関わる手がかりの宝庫だからである。……ゲシュタルト療法では、トラウマや心残りの体験、あるいは未来の不安や恐れを『今－ここ』で再体験したり、先取りして経験することを心理治療的招きとして勧めるが、主眼は洞察を得て、現在を生きることができるようになるところに置かれている」（倉戸ヨシヤ「ゲシュタルト療法の理論と技法」倉戸ヨシヤ編『ゲシュタルト療法　〈現代のエスプリ375〉』至文堂、1998年、38頁）と述べている。
(16) たとえば、池見陽『心のメッセージを聴く　実感が語る心理学』講談社現代新書、

1995年、117-118頁を参照。
(17) NHK『NHK スペシャル　荒川静香　金メダルへの道』2006/2/25放映分
(18) 久保紘章・副田あけみ「序　ソーシャルワークの実践モデル」久保紘章・副田あけみ編著『ソーシャルワークの実践モデル　心理社会的アプローチからナラティブまで』川島書店、2005年、vi頁。
(19) 倉戸ヨシヤ『ゲシュタルト・セラピーの人格論』㈶関西カウンセリングセンター、1991年、132頁。
(20) NHK テレビドラマ『風のハルカ』2006/2/22放映分
(21) 久保紘章「ソーシャルワークと価値」『エッセイ　人間へのまなざし』相川書房、2004年、224頁（なお初出は1973年）。
(22) 小花和昭介・奈倉道隆・宮本美沙子・柏木恵子・鑪幹八郎・梶田叡一「クオリティ　オブ　ライフの意味を問う」『人間性心理学研究』第17巻、第1号、日本人間性心理学会、1999年、82頁。
(23) 倉戸ヨシヤ『図地反転　セラピストは語る』㈶関西カウンセリングセンター、1996年、19-22頁には、倉戸が、苦難のとき、気がついてみると松に話しかけていて、そのやりとりのなかで、静かだがたじろがない力を得ることができた経緯が述べられている。
(24) 久保紘章「精神障害者を生み出す社会的土壌『レッテルをはる』ということ」『エッセイ　人間へのまなざし』相川書房、2004年、154頁（なお初出は1973年）。
(25) NHK 前掲テレビドラマ(20)2006/3/30放映分
(26) 同、2006/3/25放映分
(27) 同、2006/3/31放映分
(28) 倉戸ヨシヤ、前掲書(23)、27頁。
(29) 相田みつを『しあわせはいつも』文化出版局、1995年。
(30) 毎日放送『情熱大陸』2005/3/13放映分
(31) 映画『ディープ・インパクト』ユニバーサル・ピクチャーズ・ジャパン、2001年。なお原文は "Because I believe that God, whomever you hold that to be, hears all prayers, even if sometimes the answer is no."
(32) 寺山修司『ポケットに名言を』角川文庫、2005年、154頁。
(33) NHK『生活ホットモーニング』2006/3/28放映分
(34) 同、2006/4/4放映分
(35) NHK テレビアニメ『雪の女王』2006/5/4放映分
(36) 関西テレビ『医龍 Team Medical Dragon ④』2006/5/4放映分
(37) 向谷地生良「リハビリテーションからコミュニケーションへ」浦河べてるの家『べてるの家の「非」援助論　そのままでいいと思えるための25章』医学書院、2002年、184-186頁を参照。

V

支援科学としての
具体的な技術

1 はじめに

(1) 本章の問題意識

　ここまで、臨床の知による西洋科学の知の相対化（Ⅱ）、ドミナントなアプローチや保健医療福祉サービスにおける実存的視座の欠落（Ⅲ）、実存的視座からの問い返しと Human Criteria の意義（Ⅳ）について述べてきた。その内容をおおまかにまとめたものが表5-1である。

　ソーシャルワークにおいて主流とされるアプローチや技術は、普遍性、論理性、客観性という西洋科学の基準を満たそうとするあまり、利用者の実存状況から発想するという価値とは噛みあわない方法を発達させてしまうことになった。そのような西洋科学の限界が、価値と知識、方法との乖離を生み出し、それらを統合するための技術を今度は属人的な資質に求めていく。そのことが、技術をブリコラージュのような職人技としてブラックボックス化させることになり、徒弟制度のような「非科学的」な方法でしか伝達できな

表5-1　依拠する科学による方法の分類

	北米ソーシャルワーク	わが国の社会福祉援助活動	技術	
西洋科学の知	診断派ケースワーク ライフモデル	ケアマネジメント コミュニティ・ソーシャルワーク	属人的資質 アート　態度	ストレングス 残存能力の活用
統合化	ジェネラル・ソーシャルワーク　エコシステム構想			
臨床の知	機能派アプローチ ポスト・モダンのアプローチ	ナラティブ・アプローチ 生活コスモス	知識 技法　支援ツール	認知 潜在能力への気づき

いという矛盾を抱え込むことになった。

　北米においては、実習先の指導教員と緊密な連携を図ることによって、実践的に技術をマスターできるような実習中心の教育が行われてきた歴史があり、そこでの知見がポートフォリオや理論にフィードバックされるという循環システムが成熟している。

　しかし、わが国においては、逆にこのことが技術を学習する（あるいは教える）困難さにつながっていると考えられる。北米のように現場と養成校が手を取りあって養成教育を行うには、制度が要請する実践とソーシャルワーク（理論）があまりにもかけ離れてしまったからである。その原因としては、(a)社会福祉基礎構造改革にともなうサービス供給の仕組みを整備することが急務とされ、専門職制度が国家資格として創設されたことで、養成教育のカリキュラム編成が厚生労働省の方針を追認する方向で進められてきたこと、(b)そのため、従来ソーシャルワークとして理解されていたものではなく、制度に付随した機能にすぎないものが社会福祉援助としてクローズアップされ、研究においてもケアマネジメントやコミュニティ・ソーシャルワークなど、その流れに沿った理論が台頭してきたこと、の2つが考えられる。しかも、医療・保健・福祉の連携というスローガンのもとで、ソーシャルワークの価値までが医療的なものに変質しつつあり、このままでは巨大な医療サービス産業に取り込まれてしまう可能性さえ否定できない。

　したがって、わが国においては、このような実践、知識、価値の乖離をどのように統合するかというソーシャルワークの技術研究の必要性が、北米におけるよりも切実になっていると考えられる。利用者の実感にもとづいて、現行の制度や社会、生活のあり方を問い返し、フィードバックしていくための科学的な方法としてソーシャルワークを位置づけ、そのための技術を具体的な技法群として（知識として）示すことが、そのための方向性のひとつであることはⅡで述べたとおりである。本章においては、そのようなエコシステム構想にもとづいたソーシャルワークの技術を、さらに詳しく検討していくことにしたい。

（2）ソーシャルワークの技術と「協働」

図5-1は、病理モデルと心理社会的アプローチにおける技術理解を図示したものである。

図5-1　病理モデルと心理社会的アプローチにおける技術理解

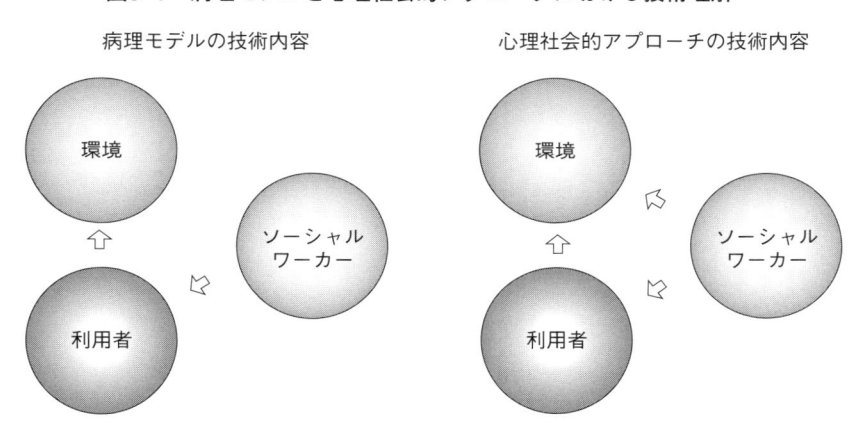

病理モデルの技術内容　　　　　　　心理社会的アプローチの技術内容

（環境／利用者／ソーシャルワーカー）　　（環境／利用者／ソーシャルワーカー）

病理モデルにおいては、環境には直接的な関心が払われず、利用者自身が人格を成長させることによって環境に適応していくことになる。心理社会的アプローチになると、社会的弁護などの間接療法によって環境にも関心が向けられるが、中心となっているのはやはり利用者への直接的なアプローチである。

マクメイアン[1]は、エコシステム視座にもとづいて、「人と環境」の交互作用にかかわっていくものとしてソーシャルワークの技術を整理している（表2-3を参照）。この理解では、たしかに焦点は「人と環境の交互作用」に置かれているが、そこにアプローチするのは支援者であり、利用者と支援者の関係性については病理モデルとおなじ支援者中心のパターンが踏襲されていると考えられる（Ⅳ-2-（2）を参照）。

しかし、本書においては、Ⅱでも述べたように、エコシステム構想にもとづいて利用者と支援者の「協働」に着目し、両者が協働して環境にかかわっていくための技法群として技術を理解したい。そのことを図にしたものが図

5-2である。

図5-2　マクメイアンとエコシステム構想における技術理解のちがい

マクメイアンの技術内容　　　　　エコシステム構想にもとづく技術内容

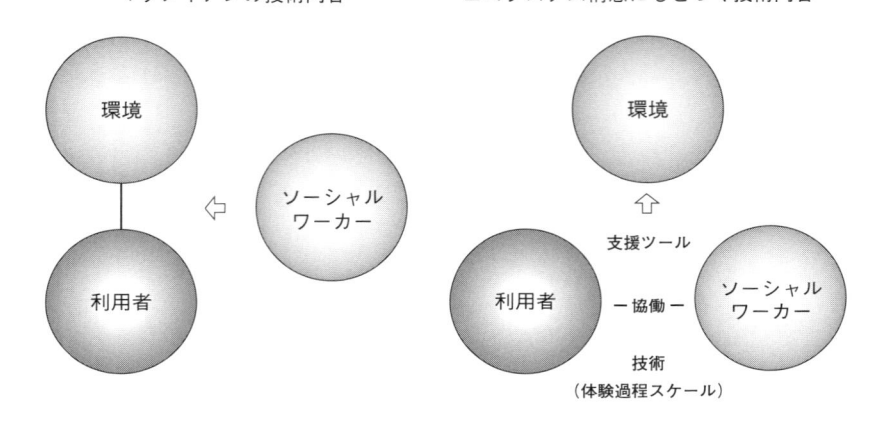

（図：左側には「環境」「利用者」「ソーシャルワーカー」の円があり、環境と利用者の間に線、ソーシャルワーカーから矢印。右側には「環境」「利用者」「ソーシャルワーカー」の円があり、利用者とソーシャルワーカーの間に「－協働－」、上向き矢印に「支援ツール」、下に「技術（体験過程スケール）」）

　表5-2は、これらのポイントを整理し、エコシステム構想においてはじめて利用者中心の支援が実現できることを示したものである。

表5-2　ソーシャルワークにおける視座と技術理解

	病理モデル	エコシステム視座（マクメイアン）	エコシステム構想
視座	人	人と環境の交互作用	人と環境の交互作用
技術	支援者の枠組み	支援者の枠組み	協働 （利用者の枠組みと支援者の枠組み）

　そこで、ここからは、技術を、(a)支援場面における技術と(b)業務としての技術に大きく分け（表2-7を参照）、前者において利用者と支援者が協働するための技術に焦点を絞って論じていきたい。この協働というメルクマールによってソーシャルワークそのものが大きく変わるが、業務としての技術によっては、実践の質が変わることはあっても、ソーシャルワークの方法自体が変わることはないからである。このことから、前者はソーシャルワークにおける中核的な技術であり、後者は周辺的な技術だという分け方もできるだろう。

(3) 関係技術

　河合隼雄は、ロジャーズの提唱した(a)無条件の肯定的関心、(b)共感的理解、(c)自己一致というカウンセリングの技術を野球にたとえて、「ヒットを打つために必要な条件は、確実にミートする、力いっぱい振る、野手のいないところに打つ、の三条件であり、『これさえできれば、誰でもすぐにプロ野球の選手になれる』と言えば、いったいどう思うだろうか」[2]と述べている。つまり、内容はまちがっていないのだが、支援者の「態度」として述べられた技術は、実行が容易ではないという指摘である。ソーシャルワークにおいても、たとえば厚生労働省の指導要領にみられるように、技術がコミュニケーションの技法や援助者の態度の問題として述べられることが多く、その説明のためにバイステックの原則がよく紹介される。つまり、ソーシャルワークの技術に関しても河合の指摘はそのままあてはまり、そこにソーシャルワーク技術の科学化を困難にしている原因のひとつがあると考えられる。

　また、内容面では、たとえば、受容のとらえ方は、精神分析とおなじ抑圧モデルにもとづいていて、利用者はありのままの自分を受け入れられることによって防衛を解き、自己理解が可能になるとされている。これを便宜的に「受容－理解モデル」と名づけてみたい（図3－4を参照）。

　筆者としては、このような内容を否定するつもりはないが、実存的・現象学的アプローチにおける技術は、このような「よい関係の構築」にとどまるものではないと考えたい。後述するように、支援者が提供する「関係」は、利用者が生き抜くべき現実そのものであり、利用者は支援者から尊重されているという気持ち（関係性）に支えられて、それらへの対処方法を探求していく。つまり、ここでの関係技術は、支援の構造に根ざした支援技術そのものなのである。このような技術理解を「ナラティブ－実感モデル」と名づけたい。この２つのモデルの特徴をまとめると表5－3のようになるだろう。

　したがって、本書においては、関係技術を、支援者のマナーとしてではなく、支援構造を利用者が利用できるかたちで提供するための技術として位置づけておきたい。

表5-3 受容―理解モデルとナラティブ―実感モデルの比較

		受容―理解モデル	ナラティブ―実感モデル
理解	主体	援助者	利用者
	関心	自我にとって受け入れがたいもの	漠然とした違和感(feeling)
	方法	解釈	実感にもとづいた気づき
	内容	精神力動　原因	意味の形成　体験の完結
コミュニケーションの内容		抵抗	自己妨害
		信頼関係　情報収集	観察や気づき　制限の提示
技術における焦点		態度 情報収集の技術	実感形成を促進する技法 観察(事実認識)の技術

2　利用者

(1) 生活コスモスと実存的・現象学的理解

　今まで述べてきたことをふまえて、利用者の生活を理解していくための技術をまとめたものが表5－4である。

　この表のポイントを、環境理解と利用者理解に分け、知識、価値、方法、技法という構成要素にしたがってまとめてみると、以下のようになるだろう。

〈環境の理解〉

知識

① （知の様式）

　環境を理解する様式として、つぎの2つが考えられる。(a)客観的現実としての環境は、システム思考（西洋科学の知）にもとづき、だれもが同意できるような事実によって分析され、その結果は、解釈ではなく、ビジュアル化あるいは比較を通して、利用者や支援者に認識される（白色の部分）。(b)生活の場としての環境は、生態学的視座（臨床の知）にもとづいて、利用者の生活に影響を与えると同時に、利用者によって変えられていくものとして理解される（濃いグレーの部分）。

② （焦点）

V 支援科学としての具体的な技術

さまざまな人物やことがらは、(a)現実認識としての相互作用（interaction）と、(b)生活コスモスにおける交互作用という2つの視座から、複眼的に関心が寄せられ、この2つを比較・照合することで理解された両者のずれは、環境に対するコントロールを回復することをめざしたプランニングのためのツールとして用いられる。

価値
③ （事実性）

対処の結果は現実に即して返ってくるので、事実にもとづいて分析することが必要である。

④ （責任性）

生態学的視座においては、環境に対してコンタクトをもちつつそれに応答

表5-4　エコシステム構想における技術（環境と利用者）

環境（客体としての現実）
・生活の場への働きかけ

視座	特性	知識（関心　焦点）	価値（目的）	方法　技法
システム思考	関係性	構造的に再構成（現在の広がり）分析	現状把握　プランニング	時系列の照合 支援ツールの活用
		時系列に再構成（変化）比較	評価　効力感	実感との照合
		社会的自律性	責任性（適応）社会正義	対処方法の習得 社会的弁護　エンパワメント
生態学的視座	実存的	円環的 適応しつつ環境を変える	環境へのコンタクト 主体性　効力感	対処方法の選択 （フィードバック） 相対化 （実感にもとづいた問い返し）

利用者（生活コスモス）
・実感形成を促進する技術

視座	特性	知識（関心　焦点）	価値（目的）	方法　技法
生態学的視座	実存的	時間の推移（過程）	実感の形成 過程を生きること	体験過程スケールの活用 （体験の記述） フォーカシング
		時系列に再構成（ストーリー）語り（多義性）	意味の生成 意味の選択　体験の統合性	ストーリーの共有
		自己実現	意味づけ（認知）の変化	絶対化（個別化、無条件の尊重）
健康性	現象学的	ビジュアル化	実感へのコンタクト	チェアー・テクニックの活用
		気づき（洞察） 「今―ここ」でのコンタクト	納得 対処方法の発見	体験過程の促進 自己妨害への確認 自己の感受性に応答していく技術

していくことがめざされるため、利用者は現実への対処方法を習得するとともに、それが自分にどう役立ったのかをフィードバックしていく責任がある。

方法

⑤（システム思考）

　支援ツールを用いて、生活の広がりや変化といった客観的情報をビジュアル化する。

⑥（生態学的視座）

　支援ツールを用いて、利用者の実感（生活コスモス）をビジュアル化する。

技法

⑦（手段）

　ビジュアル化された情報を利用者と支援者が共有し、それをもとにして、(a)利用者と環境の関係性がどう変わったのかを時系列で比較する（認知）。(b)これまでの利用者の対処方法がどう有効であったのか（有効でなかったのか）を分析する（原因－結果）。

⑧（支援過程）

　ビジュアル化された情報を、利用者の実感や対処の結果と照合し、プランニングまたはモニタリングを協働で行う。これは、フィードバックの過程としても理解できる。

〈利用者の理解〉

知識

①（知の様式）

　利用者の生活は、つぎの2つのレベルから理解される。(a)利用者の生活コスモスは、生態学的視座にもとづき、「今－ここ」での体験過程を重視して理解される（濃いグレーの部分）。もし、利用者にとってこのプロセスが困難である場合には、(b)実感を形成したり実感と適切なコンタクトをもてるように支援する必要がある。このレベルを「健康性」と呼んでみたい（薄いグレーの部分）。ただし、この2つのレベルに明確な境界はなく、利用者の実

感（生きにくさや生活のしづらさ）が指標のひとつになると思われる。
② （焦点）
　生活の構造を分析・評価するのではなく、利用者自身の認知と観察された事実のずれに着目する。
価値
③ （実存性）
　利用者が自らの体験に実感としてコミットできたとき、自分の生活あるいは人生という物語には多様な受けとめ方があることに気づいたり、そこに新たな意味をみいだすことができるようになる。
④ （責任性）
　人は、自己の感受性に応答して行動を選択できたとき、責任を引き受けることができる。
方法
⑤ （生態学的視座）
　時系列の変化を、支援者が分析や解釈によって因果関係として明らかにするのではなく、利用者が物語として自らの価値観で再構成することをめざす。
⑥ （健康性）
　このレベルは、精神分析においてはシステマティックに分析され解釈されるが、エコシステム構想においては、こころとからだ、実感と行動などの不整合について、観察による事実（「今－ここ」での行動や環境についての事実の知覚と、自分自身の体験過程に対する知覚）から気づきをうながすという現象学的なアプローチが重視される。
技法
⑦ （手段）
　利用者が自らの実感にもとづいて生きていくことを可能にするため、体験過程が絶対化（個別化、共感、受容）される。
⑧ （支援過程）
　「今－ここ」での気づきは協働作業であり、利用者は自らの体験過程にコ

ミットすること、支援者はその過程を促進するようなかかわりをもつこと、という役割分担がなされる。

以上のことをまとめると、ソーシャルワーカーがかかわるべき利用者像は図5-3のように構想することができるだろう。

図5-3　利用者における統合された生活コスモス

社会システム
（人・制度・サービス）

フィードバック　互恵関係　活用

生活コスモス

自己理解　知識
生態学的視座　システム思考
実感　価値

(2) 実感形成の技術

　心理療法においては、実感を形成し、体験過程を促進していくための方法として、ジェンドリンのフォーカシング[3]がある。これは、漠然とした暗々裡の感じを、胸のあたりの「からだの感じ」としてとらえ、それを感じつつ言語化し、からだの感じとことばとの照合をていねいに繰り返しながら、ぴったりの表現をみつけていく（気づきをもつ）ための技法である（実感にぴっ

V　支援科学としての具体的な技術

たりの表現がみつかったとき、それがどのような内容のものであったとしても、身体的には緊張が解け、「あっ、そうだ」という揺るぎない確信がもてることが実証されている点は、Ⅱ-4-(2)ですでに述べた)。感情を抽象的なとらえどころのないものとしてではなく、からだの感じという具体性をもったものとして理解しコンタクトしていこうとするところに、この技法の特徴がある。

表5-5は、パールズが『ゲシュタルト療法』のなかであげている「5つの質問(4)」をもとにして、利用者が自分の実感にかかわっていくための技法をまとめたものである。

これらは、「今-ここ」という現象学的場において、(a)感じていること、(b)行動、(c)ためらいという3つの側面からコンタクトをもち、そのありようをありのままレポートすること（現象学的な記述）を通して図にしていくための質問である。この技法の特徴は、前述したフォーカシングでいう「からだの感じ」だけではなく、さらに具体的な、利用者が実際に何をしているか、あるいはしていないかという点にも関心を向け、それらを手がかりにして実感にかかわっていこうとするところにある。このようなコンタクトによって、利用者は、自分の実感を尊重しながら、環境へのかかわり方を選択しつつ生活していくことができるようになるだろう。

これらの質問は、Ⅱで示した「体験過程スケール」の体験レベルを深める

表5-5　実感形成のための質問の型

焦点	方法	目的
感じ	あなたは、今、何を感じていますか？	体験過程への注意の喚起
	・それは、どんな感じですか？	感じをことばにする
	・そのことばで、言えていないのはどんなことですか？	ことばと実感との照合
行動	あなたは、今、何をしているのですか？	行動への注意の喚起
	・今、していることに気づいていますか？	行動へのコンタクトをうながす
	あなたは、今、何をしたいのですか？	行動と意図との照合
ためらい	あなたは、今、何を避けているのですか？	図にしたくないことがらへの注意の喚起
	あなたは、今、何を予想していますか？	予期される不安を感じてみる
	・今、何を恐れていますか？	予期される不安をことばにしてみる

注　下線で示したものは、パールズが『ゲシュタルト療法』において示した「5つの質問」である。

ために活用することもできる。利用者の体験レベルを支援者が意識できるようになれば、この５つの質問の型にこだわらなくても、それを促進するような質問のアイデアが浮かびやすくなるだろう。

　倉戸ヨシヤは、「思い込みや空想にとらわれるのでもない。また、過去に生きるわけでもない。あるいは、未来にのみ夢をみるのでもない。取り入れ（introjection）や投射（projection）をもたないで、現実をありのまま経験でき、現在、「今－ここ」に自分の基盤を置くというときに精神的健康性をもっているということができよう[5]」と述べている。つまり、過去を「未完結（unfinished）の体験[6]」としてとどめておくのではなく「今－ここ」で完結させること、そして、まだ来ない未来に対してではなく、「今－ここ」で感じている未来への不安にコンタクトをもつこと、ほかならない私が取り入れや投射をしていることをリアルに感じることが、責任のあるコンタクトの基盤であることが述べられているのである。ロジャーズは、「今－ここ」について「to be[7]」）という表現を用いて、今どのように在るかということの重要性を指摘している。これらは、事実認識の技術であり、利用者だけではなく、支援者にも求められる技術であるといえる。

　ジェンドリンは、これらのことをさらに展開させて、体験が固定的なものではなく過程であること（体験過程 experiencing[8]）、そしてそれが今をリアルに体験すること（実感の形成）にとって欠かすことのできないアイデアであることを指摘している。テレビドラマ『風のハルカ』にも、「家族っちゅうのは、ひとつのかたちじゃないんじゃ。いつも進化し変化していくもんじゃ[9]」という台詞があった。自分自身や環境の変化に対応して変わっていくことが自分自身や自分らしさを維持していくためには必要なのであり、もし変わることができなければ自分の存立そのものが脅かされると考えられる。

　以上のことをふまえると、「今－ここ」での体験をリアルに感じることができ、体験のプロセスに沿って生きているとき、その人は自己実現の過程をたどっている（その人らしい）と考えられるのである。つまり、自己実現とは未来にあるゴールではなく、「今－ここ」における体験の様式であると考

えられる。そして、利用者が自らの気づきを話すことによって、支援者は利用者を理解できるのである。しかし、その時点では、実感を表現（言語化）できたことによって利用者の体験過程はさらに展開していて、話された内容よりも一歩先に進んでいることに留意する必要がある。

(3) 利用者の主体性・責任性

利用者と支援者の協働を重視するエコシステム構想において、ソーシャルワークの技術は利用者の主体性・責任性があってはじめて完結する。ソーシャルワークの支援目標である社会的自律性の獲得や自己実現にとって、これらはきわめて重要な要素である。表5-6は、利用者が自分のことばを言い換えてみることによって、そのような主体性や責任性に気づいていくための技法を示したものである。

表5-6 言い換えによる明確化

①	想像 対 事実	私の想像によれば〜 ⇨	私の観察によれば〜
②	受動性 対 主体性	私は〜することができません。⇨	私は〜する意志がありません。
③	他律 対 自律	私は〜すべきである。 ⇨	私は〜する方を選ぶ。
④	相手をコントロールする意図をもった表現	そんなことをして楽しいですか。⇨	私はそんなことをされて不愉快です。

注 この表の①〜③は、倉戸ヨシヤがスティーブンス（Stevence, J.）による訓練技法として紹介しているものをまとめたもの（倉戸ヨシヤ『ゲシュタルト療法の人格論』(財)関西カウンセリングセンター、1991年、96-107頁）、④は、倉戸が訓練の場面で用いていた技法を筆者が付け足したものである。

以下、それぞれについて詳しくみていきたい。

①想像 対 事実

利用者の生活コスモスというとらえどころのないものにかかわろうとする場合、できるかぎり見えたり聞こえたりするような具体的な事実を手がかりにしなければ、どこまでが想像でどこからが事実なのかの境界を見失ってしまう。これは、実存的・現象学的心理療法の特徴といえ、心を分析するのではなく、からだの実感や具体的な行動という客観的にリアルなものを手がかりにしようとするのである。実際には、支援者の想像を「そうだ」と利用者

が同意すればそれは事実になるが、このかかわりからは利用者の気づきは生じない。したがって、利用者が実感をリアルなものとして体験できるためには、支援者が観察によって気づいたものを手がかりとして利用者に提供する必要がある。

②受動性 対 主体性

「私は〜することができません」という表現は、自分についての私の解釈である。何度か繰り返しながら実感と照合してみて、ほんとうに不可能なことであれば、それが現実的な認識になり、「意志がない」ということが明確になれば、それではどうするのかを主体的に選択することが可能になる。

③他律 対 自律

「私は〜すべきである」は、本来他者の価値観や判断基準、期待などを取り入れて内面化したものである。フロイトのいう超自我に相当する。したがって、主体的な選択だといえるためには、それらは一度客体化され、再び選択し直される必要がある。

④相手をコントロールする意図をもった表現（疑問文を平叙文に）

「そんなことをして楽しいですか」の主語は「あなたは」である。話者の意図をもっと明確にすれば「あなたはだめなことをしている」ということになり、私とあなたのあいだに本来あるべき境界を強引に踏み越え、相手の主体性を無視して行動を断罪（価値判断）していることになる。しかも、それがストレートにではなく、「疑問文」（相手に問いかける）というかたちで婉曲に表現されている。

あるいは、その意図は、相手が、その行動をこころよく思っていないという話者の気持ちを察して（話者が依頼したというかたちではなく）、相手が自主的にやめたということにしたいのかもしれない。もし、そうなら、(a)表向きは、話者はあくまでも客体であって、主体としては表に出てこない（話者の責任性が回避されている）、(b)逆に裏では、主体は話者だけであって、相手の主体性（意志）は無視されている、という２つがこの言い方の特徴だと考えられる。

Ⅴ　支援科学としての具体的な技術

　このように明確な意思表示をせずに、相手に考えさせて自分の意図どおりの行動を起こさせようとする表現を、コントロールと名づけておきたい。このような「コントロールする－コントロールされる」という関係性からの自由が自律であると考えたい。
　したがって、この場合は、疑問文を平叙文に言い換えることを通して、「私はそんなことをされて不愉快です」というふうに、私にとっての事実を情報として（相手についての価値判断ではなく）相手に伝えることができるように支援すべきだろう。

　ここでのポイントは、主語を「私は」にすることと、疑問文やほのめかしではなく意図を明確に表現することの２つである。これらを通しておたがいの責任性が明確になり、主体的な行動が保障されていくのである。これは、「解釈」に対して「選択」という実存的態度である。また、このようなことがらは、アサーション・トレーニング[10]とも共通するところが大きいと思われる。
　倉戸ヨシヤは、「生きているなかで、とくに都市化が進むなかで、筆者などは矛盾や痛み、あるいは憤りを感じることがあるが、感じないことが健康であるのではなくて、むしろ感じる感受性をもつことの方が健康と思える場合がある。そして、より健康的といえるのは、自己の感受性に応答していくことであると思われる。この応答していくということは、なにも、いきなり暴力をふるったり、破壊的な行動に出るというのではない。また、組織から抜け出すということを想定してはいない。納得のいかない、後になって後悔しなければならないような応答のしかたではなく、あくまで洞察のある問題解決へと向う成熟した応答のしかたが志向されている[11]」と述べている。つまり、主体性や責任性は、自分自身や環境と好ましいコンタクトをとる（社会的自律性を獲得する）ためには不可欠のものだと考えられる。

3 支援者

(1) ソーシャルワークの枠組みにもとづいた情報収集とアセスメント

ここでの課題は、支援者自身の専門職としての技術である。それには、利用者と利用者をとりまく現実の理解と、支援者としての時間管理やケースマネジメントの技術があげられる。表5-7は、それをまとめたものである。

この表のポイントは、以下のようにまとめることができる。

知識

① (知の様式)

支援者は、(a)利用者の生活についての客観的な情報 (西洋科学の知) と、(b)利用者の生活コスモス (臨床の知) の2つを複眼的に理解しようとする。

② (焦点)

表5-7 エコシステム構想における技術（支援者）

支援者（客観的事実）

・支援者の枠組みにもとづいた情報収集とアセスメント

視座	特性	知識(関心 焦点)	価値(目的)	方法 技法
システム思考	構造	人と環境	客観的事実の認識	支援ツールの活用（支援者側の理解）
生態学的視座	関係性	交互関係	実感とのずれの認識	情報の共有
	認知	知識(情報)の欠如 誤解 無関心	現実的な認知と コンタクト	情報の提供 情報の修正 関心の喚起
		未体験	適応	対処方法の学習

・場面展開の技術
　個々のセッションのマネジメント

システム思考	現実性	実際の時間 全体のまとまり	時間管理 場面設定	時間という制限 構造化
生態学的視座	様式	現象学的場　「今－ここで」	責任性(実感にもとづく) (満足と納得)	体験過程スケールの活用 (実感とのコンタクト) ソリューション・フォーカスト・アプローチ (自己理解とプランニング)

　局面展開の技術

システム思考	目的性	インターベンション	フィードフォワード	課題設定 (ターゲットとゴール)
生態学的視座	適合性	モニタリング	フィードバック(評価)	実感との照合

134

Ⅴ 支援科学としての具体的な技術

　支援者は、①における2つのうち、何がどのようにずれているのかに関心を向ける。

価値

③（実存性）

　支援者は、自らの体験している実感と、客観的に把握された事実あるいは専門的知識とを照合し、ずれがあるときには、そのことに気づき、意識化できる能力が要求される。それは、利用者が支援によって獲得するものと基本的におなじである。

④（責任性）

　支援者は、専門的知識と、専門職としての価値あるいは倫理にもとづいて行動し、かつ自らの感受性に適切な応答ができたとき、利用者の利益に対する責任を引き受けることができる。

方法

⑤（システム思考）

　支援者には、想像や推測ではなく、観察にもとづいた事実認識の技術を用いて、現状を分析できる能力が要求される。

⑥（生態学的視座）

　支援者には、利用者との協働関係や支援のための構造を作りだす能力が要求される。そこには、利用者が支援を主体的に利用できるように、時間の制限を活用する能力も含まれる。

技法

⑦（手段）

　利用者と情報および物語を共有する。前者のために観察によって把握された事実と支援ツールによるビジュアル化を、後者のために共感的理解とソリューション・フォーカスト・アプローチの質問の型を用いる（後述する表5-10を参照）。

⑧（支援過程）

　支援者としての時間管理やケースマネジメントの技術を用いる。これは基

本的に従来の技術とおなじであるが、あくまでも協働が焦点になる。

このうち③で指摘したことを、前述した図5-3をもとにしてビジュアル化してみると図5-4のようになるだろう。

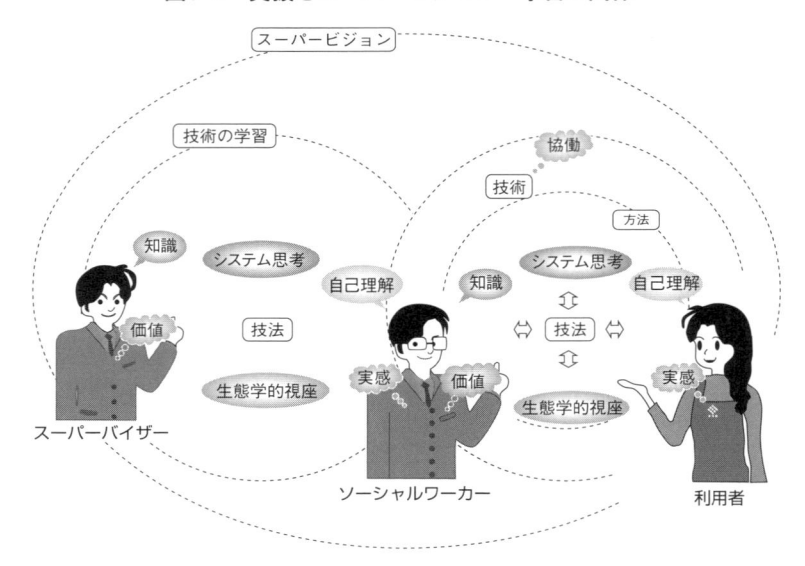

図5-4　支援とスーパービジョン・学習の関係

（図：スーパーバイザー、ソーシャルワーカー、利用者の関係を示す概念図。スーパービジョン、技術の学習、協働、技術、方法、知識、価値、システム思考、自己理解、技法、生態学的視座、実感などの要素が配置されている）

(2) 個々のセッションのマネジメント

支援者の技術として考えられるのは、支援過程の運営に関することがらである。この時間管理については、さまざまな研究者が述べていることと基本的にはおなじである。ただ、機能派アプローチが主張する「時間の活用」という概念については、エコシステム構想における協働、その前提となる利用者の主体性・責任性と密接に関係しているので、以下その技術の意義を考察していきたい。

利用者の内面性である主体性や責任性を課題にするとき、時間という場面設定を明確にしておくことはたいせつである。次節の支援関係における「制

限」のところで詳述するが、「時間の活用」というアイデアのポイントは、時間という制限を提供することによって、利用者が支援関係を有効に利用できるようにするという点にある(逆説的にいえば、時間は、利用者によって支援者をコントロールするための道具としても使われうる)。

限界について、ムスターカス(Moustakas, C. E.)は、「限界はその関係の境域(boundaries)をひき、その関係と現実(reality)を結びつける。限界によって、子どもは、自分自身、セラピスト、プレイ・ルームに対する責任に気づくのである。それによって、安全が確保され、子どもは自由に、そして安全に遊べるのである。それによってプレイルームでの経験が生きた現実になるのである[12]」と述べている。つまり、時間における制限は、利用者が生きている現実そのものとして提供されるのである。

(3) 局面展開の技術

ソーシャルワークの局面展開は、一般に「インテーク(エンゲージメント)－アセスメント－プランニング－インターベンション－モニタリング－ターミネーション(終結)」として理解されている。これは、支援者がどのようにケースをマネジメントしていくのかという技術である。

「支援」という概念を中心にしてこのようなプロセスを考えると、つぎの2つのポイントをあげることができるだろう。

①前項で述べた「時間の活用」という観点からいえば、また、機能派の立場に立つスモーリー[13](Smalley, R. E.)が述べるように、開始期、中間期、終結期におけるそれぞれのプロセスの特徴を理解し、それを利用者が活用できるような関係性や支援構造を作りだし、利用者における課題解決のプロセスを促進することが焦点になる。
②池見陽は、実感は暗々裏に目的(何をしたいのか、どうなりたいのか)を指し示しているので、それを言語化したときに、「ちょっとちがう」とか「あ、そうだ」ということがわかるのだと述べている[14]。つまり、私たちは、

このようなある目的に向かう体験のプロセスを生きているわけで、利用者の自己や環境への理解をともなったアセスメントの局面は、必然的にプランニングへと展開していくことになる。したがって、アセスメントとプランニングの局面は、ひとつの連続したプロセスとして理解すべきだと考えられる。中村佐織が述べる「エンパワメントとしてのアセスメント[15]」の核心は、このような利用者の自己理解（状況認識を含む）を通して、主体性を獲得していくところにあると考えられる。

　アセスメント－プランニングとモニタリング（成果の確認）の局面においては、「実感との照合」が支援の焦点になる。そこでのポイントはつぎの2つである。

①実際の支援においては、利用者からみた理解の偏りは、必ずしもすべてが修正される必要はない。また、利用者の生活の変化は、利用者からみた理解と支援者側の理解を足して2で割ったものにはならない。利用者が2つの世界があることを理解したうえで、どちらかを主体的に選択できるということ自体に大きな固有の意味がある。
②利用者の偏りが十分に修正されないままプランニングが行われたとしても、サービスを利用しつつモニタリングを重ねていくことで修正されていく可能性がある。またエコシステム状況を構成する何かひとつの要因が変化することで、他の要因に変化が及ぶこともある。支援の結果よりも過程を理解することが重要だといえる。

　以上のことをふまえて、支援のプロセスを図示してみると、図5-5のようになるだろう。
　また、インターベンションは、プランニングで確認された課題を解決するために働きかけていく局面であり、介護保険や障害者自立支援法によるサービスを利用するためのケアマネジメントや行動アプローチなどの方法レパー

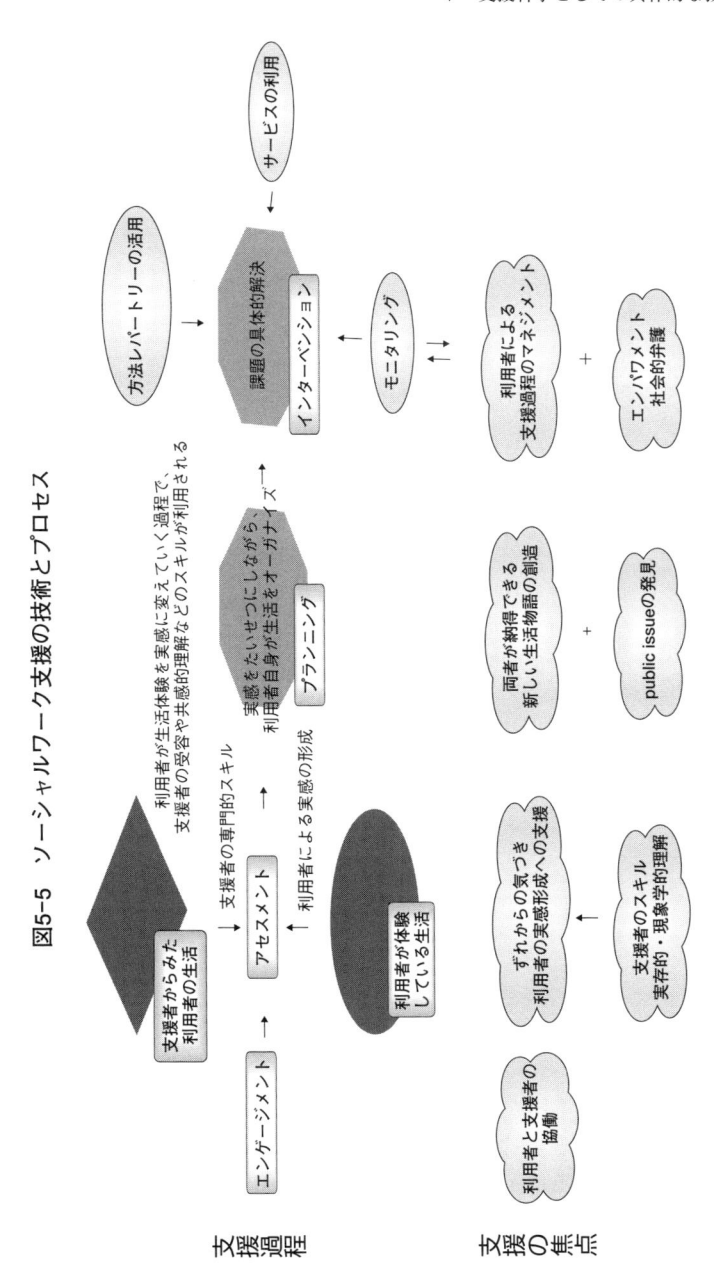

Ⅴ　支援科学としての具体的な技術

図5-5　ソーシャルワーク支援の技術とプロセス

支援過程

エンゲージメント → アセスメント → プランニング → インターベンション → モニタリング → 利用者による支援過程のマネジメント → サービスの利用

- 支援者からみた利用者の生活
- 利用者が体験している生活
- 課題の具体的解決
- 方法レパートリーの活用

↑支援者の専門的スキル
↓利用者による実感の形成

利用者が生活体験を実感に変えていく過程で、支援者の受容や共感的理解などのスキルが利用される

実感をたいせつにしながら、利用者自身が生活をオーガナイズ

支援の焦点

- 利用者と支援者の協働
- ずれからの気づき 利用者の実感形成への支援 ← 支援者のスキル 実存的・現象学的理解
- 両者が納得できる新しい生活物語の創造 ＋ public issueの発見
- エンパワメント 社会的弁護

139

トリーが活用される。それらは、支援者自身が行うこともあれば、他の支援者を紹介する場合もある。いずれにしても、この局面においては、利用者が目的の実現のために、それらのサービスを主体的に利用できるように支援することが重要である。

4　支援関係

(1) 問題状況理解への支援

利用者と支援者の協働である支援関係における技術をまとめてみたものが、表5-8である。

表5-8　エコシステム構想における技術（支援関係）

支援関係

・生活コスモスの情報収集とアセスメント

視座	特性	知識（関心　焦点）	価値（目的）	方法　技法
システム思考	現実性	人と環境	自己理解	支援ツールの活用（ビジュアル化）
生態学的視座	関係性	交互関係	共生	ストーリーの共有（分かちあい）

・協働のコンテクストを創造するための技法

視座				
システム思考	視野	複眼的	ずれの確認	理解の比較、照合
	関係性	契約	役割分担	ソリューション・フォーカスト・アプローチの質問の型
生態学的視座		コンテクスト	協働	

・協働のコンテクストを創造するための技法

視座				
システム思考	精神力動	自己妨害 （実感と向きあわないこと）	気づき　選択 責任性（実存性）	シミュレーション 直面化（していることの確認）
	構造	場面設定	責任性（現実と向きあうこと）	制限
生態学的視座	認知	学習された無力感	効力感の醸成	拮抗する体験の学習
		例外 思い込み コンプレックス（個人的） 差別・偏見（社会的、文化的）	事実と実感に もとづいた気づき 現象学的場 生活コスモスの再編	直面化 （事実の確認と自己の感情） セルフヘルプ・グループ

　　の部分は、システム思考と生態学的視座の両方にまたがっていることを示している。

この表のポイントは、つぎのようにまとめておきたい。

知識
① (知の様式)
　支援関係を、(a)コンテクストという社会構成主義的な認識の方法と、(b)どのように体験されているのかという実存的・現象学的な方法の両方から理解し、運用することがめざされる。
② (焦点)
　技術は、利用者と支援者の協働に焦点づけられ、それを促進する技法と、それを妨げる要因への対処がその内容となる。

価値
③ (実存性)
　ゲシュタルト療法の「自己妨害」[16]という概念を用いて、利用者自身が自分の意図と行動のずれに気づき、その不整合にコンタクトがもてるようになるための技術が重視される。
④ (責任性)
　利用者は、「今－ここ」で自分がしていることの背景にある意図に気づき、それを実感できたとき、自分自身の行動に対する責任を引き受けることができるようになるので、その意図にふさわしい行動をあらためて選択し直すことが可能になる。

方法
⑤ (システム思考)
　時系列の比較によって、インターベンションの成果（変化）が評価される。
⑥ (生態学的視座)
　利用者の生活システムに客観的な変化があったとしても、それが利用者にとって意味のあるものとはかぎらないので、変化を利用者の実感にもとづいて吟味することがたいせつである。

技法
⑦ (手段)
　認知のくいちがいのレベルによって、(a)単純な情報の提供や修正ですむ場

合、(b)対処方法の習得（学習）が必要な場合、(c)認知様式そのものの再編をめざさなければならない場合があり、(c)においては実存的・現象学的心理療法の技法を用いつつ、情報を共有していく必要がある。

⑧ （支援過程）

アセスメントからプランニングに至る過程と、課題への対処とその評価の過程において、エコシステム構想にもとづいた協働作業が必要とされる。意図したとおりの反応が返ってくることは効力感につながり、意図とはちがった結果が起こったときは気づきのチャンスである。

これまで述べてきた利用者と支援者の協働作業の内容を、システム思考にもとづくものと生態学的視座にもとづいたものに分類してまとめてみると表5-9のようになるだろう。

表5-9　ソーシャルワークにおける協働の内容

システム思考にもとづいた技術

知識	価値	方法	技法
クライエント・システム エコシステム構想 ジェネラル・ソーシャルワーク	西洋科学の知 スケーリング 社会的自律性 自己実現	客観的情報 支援ツールを用いた構造的理解 コントロール（効力感）の回復 潜在能力への気づき	観察 ビジュアル化（情報の共有） エンパワメント 認知

生態学的視座にもとづいた技術

知識	価値	方法	技法
生活コスモス エコシステム構想 ジェネラル・ソーシャルワーク	臨床の知 個別化 相対化　共生	実存的理解 現象学的理解 実感にもとづいたフィードバック	実感形成の技術 協働のコンテクストを創造する技術 局面展開の技術

(2) 協働のコンテクストを創造するための技術

エコシステム構想においては、支援ツールを用いた照合（現実と生活コスモス、対処とその結果など）を中心に支援過程が展開されるが、その際、利用者と支援者との協働関係をどのようにして作りだすかがポイントになる。ナラティブ・アプローチは利用者の語る物語（コンテクスト）に関心を向けるが、そのなかでもソリューション・フォーカスト・アプローチは、利用者

V 支援科学としての具体的な技術

の対処能力に着目し、利用者自身が課題解決に向けて自分の物語を作り替えることに特化されている。このアプローチ自体は、プラグマティックな発想で考案されているため背景となる理論は折衷的であるが、エコシステム構想のなかに、協働という価値を実現するという目的にしたがって位置づけることで、きわめて有用な技法になると考えられる。

表5-10は、ソリューション・フォーカスト・アプローチの質問の型を、支援の局面に対応させ、その焦点とともにまとめたものである。

この表におけるアセスメントのうち、最後の方のスケーリング(点数化)の部分は、今までの対処方法を利用者自身がモニタリングする機会(局面)として理解することもできる。したがって、ソリューション・フォーカスト・アプローチの質問の型を援用した場合、前述したように、アセスメント－プランニングの局面とモニタリング－評価の局面を、おなじ方法で実施することが可能になると考えられる。これらの局面における協働が、その後の支援を方向づけるといえるので、利用者の実感が明確にならないときには、これらの質問に加えて、前述したフォーカシングやゲシュタルト療法の技法

表5-10 ソリューション・フォーカスト・アプローチによる質問の型

支援の局面	質問の型	焦点
エンゲージメント	私に、何かお手伝いできることがありますか？	「支援」関係の提示
↓ アセスメント	どういうことがあると、今日ここに来たことが、少しでもよかったと思って帰ることができますか？	目的　課題
	夜眠っているあいだに奇跡が起きて、今日ここに来た問題が全部解決しているとします。朝、何がちがっていたら、奇跡が起きたことに気づきますか？	優先度　関心
↓	今まで、どんなふうにして解決してきましたか？	対処能力と方法の確認
	そのことについて、今までに何か例外がありましたか？	例外　認知の確認・修正
	仮に、ここに○○さんがいらして、同じ質問をしたとしたら、なんとおっしゃると思いますか？	複眼的視座 反省的考察
アセスメント または モニタリング プランニング	10点満点で点数をつけると、今の○○という気持ちは何点ぐらいですか？	スケーリング 比較　照合
	それが3点だったときと、5点だったときとでは、何がどう違ったのですか？	
	たとえば、どのような解決の方法があると思いますか？	対処方法の考察

注　ここに取りあげた質問の型は、菱川愛「ソーシャルワーク実践とソリューション・フォーカスト・アプローチの援用」東京都医療社会事業協会『医療ソーシャルワーク』53号、萌文社、2004年、9-11頁のものを一部改変して用いた。

を援用して「健康性」のレベルにおける支援が必要になる場合もあると思われる。

(3) 協働のコンテクストを妨げる要因への対処

　一般に、協働のコンテクストを妨げる要因として、まず思い浮かぶのは精神分析における抵抗という概念である。精神分析では、逆にそこにこそ利用者の課題の核心があると考えるのである。心理社会的アプローチでもこのアイデアは踏襲されている。[18] 技法面では、利用者の抵抗を克服するための技術のひとつとして、「差別なく平等に漂わされる注意[19]（free floating attention）」が考えられている。これは、受容や無条件の肯定的関心と内容的に重なる部分が大きい。ソーシャルワークにはラポール[20]という概念があり、信頼関係を形成するためにこれらの技術を用いていくことになる。

　これらは、しかし、すべて支援者の側から述べられたものである。支援という協働においては、これらは利用者が実感や現実と向きあうのを支援するための技術としてまとめることができると思われる。支援者が信頼関係を作りだすための（利用者から信頼されるための）技術よりも、利用者が自分はひとりの人間として尊重されているという見通しをもてるように支援するための技術の方がより重要であると考えたい。

　前述したソリューション・フォーカスト・アプローチなどは、利用者のコンテクストに沿って支援が行われるので、支援者の枠組みに沿って行われる援助に比べて利用者の抵抗は少ないと考えられる。しかし、利用者が自己の責任と向きあうためには、前述したように、ある一定の支援を必要とすることが少なくない。選択や自己決定の重要性はよく指摘されるが、自らの実感にもとづいて責任のある選択をするということは、それほど容易なことではないのである。

　たとえば、支援者に捨てられる前に自分の方から捨ててしまおうと考えてそれを実行した利用者がいたとすれば、それは信頼関係の問題ではなく、自己妨害として扱われるべきである。また、心の問題として処理できずにすぐ

に行動化 (acting out) してしまうことも、自己と向きあうことを妨げる。

これらは、精神分析でいう反復強迫として理解することも可能であるが、過去にさかのぼって原因を探求するよりも、「今－ここ」での振舞いとして、きちんと向きあうことを推奨したい。時間の活用のところでも述べたように、支援場面における制限は「今－ここ」という現象学的場で起きていることであり、利用者が生き抜くべき現実そのものとして提供されるので、利用者が自己の行動に対してコンタクトがもてるようにする手段として活用すべきである。それによって、利用者は自分が責任のある選択ができる主体として尊重されていることを理解し、自己の「今－ここ」での行動や感受性に応答していくように支援されるのである。べてるの家の向谷地生良も、「責任をとらせてあげるという助け方」(21)という表現で、このことに言及している。その際、利用者の責任性・主体性のところで述べた「言い換え」の技法も役に立つだろう。

ロウエンバーグとドルゴフ(22) (Lowenberg, F. & Dolgoff, R.) は、倫理上の意思決定における価値の優先順位について、①生活を守る原則（クライエントの生命や財産を含めて、生活に不可欠な保護）と②社会正義（平等と公正さ）に関する原則は、自立と自由に関する原則よりも優先されると述べている。したがって、(a)利用者の存在を尊重しつつ支援に役立つ提案や制限を提供し、(b)利用者の理解力に配慮しながら支援者の想いも十分に伝え、(c)責任のある選択を利用者ができる条件を整えたうえで、それでもなお利用者自身が支援をこれ以上必要としないと判断したときには、前述した①、②に抵触する場合を除いて、無理強いすることはできない（逆説的にいえば、①、②に抵触する場合には、制限として利用者に提供し、それへの対処方法を選択させる必要がある）と思われる。

利用者が責任のある選択をできるためには、フロイトのいう防衛機制をある程度意識化することが必要になる場合もあると考えられる。それを、本書では、これまで述べてきた自己妨害という概念から理解したい。自分と環境の境界(23) (boundary) が明確ではなく、環境との関係性が不適切な場合、環境

に効果的にかかわっていくことができないし、そのような不適切な対処に紛れてしまって自分の実感と向きあうこともできないからである。パールズの考え[24]にしたがって、その諸相をまとめたものが表5-11である。

表5-11　自己と環境との不適切な関係性の諸相

関係性	特徴
イントロジェクション	外界に帰すべき事柄を、自己の責任としてしまったり、異物との葛藤にエネルギーを費やすこと
プロジェクション	自分のなかに生じた想像や衝動、感情などを、自分のものとは認めず、外部に置き換えてしまったり、環境(他人)の責任にする傾向
コンフルーエンス	自分自身と外界(他者)との境界を感じられないとき、あるいは自分と外界とがひとつであると感じる状態
リトロフレクション	環境に働きかける代わりに、自分自身があらゆる行動の標的となる。自分の欲求を満たすためのエネルギーを、もう一方の自分自身に向けてしまう

注　この表における各概念の解説は、中西龍一「パールズ著『ゲシュタルト療法』解題」倉戸ヨシヤ編『ゲシュタルト療法〈現代のエスプリ375〉』至文堂、1998年、48-49頁の記述を要約したものである。

　支援者には、このような利用者と実感との関係性、およびそれにもとづいた環境（重要な他者を含む）との関係性を考慮したうえで、支援構造をデザインする能力が求められる。そして、そのためには、支援者自身もまた、利用者に求められるのとおなじ責任性が要請されると考えられるのである（図5-4を参照）。

5　まとめと課題

(1) フィードバックの技術

　エコシステム構想においては、エコシステム視座によって構成された支援ツールを用いて、利用者の実存状況をビジュアル化し、利用者と支援者がそれを共有することで、目標に向けた協働がはじまっていく。そこだけを取りあげれば、構造的なアプローチであり、あらかじめ設定された（利用者にとっては外的な）枠組みにしたがって利用者や環境を理解していくことになる。しかし、他方で利用者の生活コスモスは、実感や実存性というその人に固有な内的準拠枠に沿って実存的・現象学的にしか接近できない内容であり、支援者の観察とそれにもとづいた気づきが重要になる。そこが利用者と支援

者にとって共有可能な領域なのであり、それらを利用者に提供することで協働が可能になるからである。

　つまり、ビジュアル化された利用者の生活コスモスと、観察にもとづいた支援者の気づきの2つがエコシステム構想における技術の焦点であるといえる。そのような具体的な手がかりなしには、照合しつつ実感を形成していくプロセスが進展しないからである。

　また、利用者が主体としての責任ある姿勢で支援関係に臨めるような質問の型や支援構造の提示も欠くことのできない技術である。支援関係とは、利用者の主体性や責任性があってはじめて成立するものだからである。

　そのことをまとめてみると表5-12のようになる。

　そこに示された技術は、(a)支援者が自らの理解を利用者が利用できるかたちで提供すること、(b)それに応答するかたちで利用者が生きる現実や環境を

表5-12　エコシステム構想における支援技術

技術	支援者	利用者
利用者理解 （システム思考）	専門的理解 ⇒	
		支援ツール
	ビジュアル化	
		チェアー・テクニック
		⇐ 実感との照合
利用者理解 （生態学的視座）	観察と気づき ⇒	
	意図と行動の統合性 （体験過程スケール）	
		⇐ 実感と行動への応答
協働のコンテクスト （協働）	ソリューション・フォーカスト・アプローチ ⇒	
	主体的参与 （課題解決への物語の共有）	
		⇐ 語り（物語の再構築）
協働のコンテクスト （自己妨害への対応）	制限の提示 ⇒	
	責任性　対処能力	
		⇐ 現実への応答

問い返していくこと、という2つの側面から構成されている。そして、このような支援関係がめざすものは、(c)利用者の実感にもとづいてニッチを創造していくために協働することである。このように理解すれば、支援過程とはフィードバックのプロセスそのものだといえるだろう。

(2) Human Criteria

　実感をたいせつにすること（個の絶対化）は、既存の価値や環境の相対化につながり、そこに新しい価値が作りだされる。そのことによって、支援過程は必然的にフィードバックの過程として展開されることになる。つまり、価値と矛盾しない実践を行うには、技術のなかに利用者の実感によるフィードバック過程を支援する技法が含まれていなければならないと考えられるのである。

　Human Criteria とは、(a)利用者が自分自身の実存的な価値基準を信頼して生活できるようになること（自己実現）と、(b)自分の実感と環境とに適切なコンタクトをもち、それらに責任のある応答ができること（社会的自律性）の2つをめざした個別的な価値の認識様式のことである。

　それらは、Ⅳで述べたように、認知、関係性、状況という3つの要素によって変化するものとして理解されている。たとえば、テレビのドキュメンタリー番組のなかで、女優の小西真奈美は、素顔をみせてくださいというオファーに答えて、「いっしょにいて、気持ちが触れて、この人とこうしたい、そういうものの集まりがその人でいいんじゃないですかね」(25)と語っている。ある人とのある場面（状況）における関係性のなかで立ち現れてくる「自分」（これが私だと自己規定されたもののコンプレックス〈複合体〉すなわち認知のあり方）を自分だと考えれば、素顔という概念は意味がなくなり、それぞれの相手にみせるそのどれもがリアルな自分だということになる。そして、それらはそれぞれの相手と合意され、共有されることを通して、それぞれの個別的な関係性が展開していくと考えられるのである（図7-4を参照）。太田義弘がエコシステム構想のキーワードのひとつとしてあげている「実存

V 支援科学としての具体的な技術

性」の内容も、このようなものだと考えられる。

　ソーシャルワークがめざす共生は、このような個別的な実存性（コンテクスト）を、どのようなかたち、方法で共有するのかを模索していくことでしか実現されないと思われる。その意味でソーシャルワークにおける Human Criteria の意義は、きわめて大きなものがあると考えられる。

(3) 残された課題

　前述したように、支援過程はフィードバックそのものであり、支援科学としてのソーシャルワークの特性は、Human Criteria による価値の問い返しと、個人におけるニッチの創造（個別的な価値の共有）にあるといえる。そのための技術として、本書では、従来からの(a)応答の型に加えて、(b)実感形成を促進する技術、(c)協働のコンテクストを促進する技術について考察を展開してきた。

　本来であれば、本書で述べた技術を用いた事例を提示し、その実用性を明らかにすべきであるが、今回は、次章において、現在実際に行われている実践を本書の枠組みを用いて分析・検討することで裏づけとしたい。

　また、本章で示した技術には、ゲシュタルト療法が抱えるのとおなじ課題がある。コングレス（Congress, E. P.）は、「現実把握や自己意識に乏しい」利用者への適用にはリスクがともなうと述べている。これらについては、慎重でていねいな実践の必要性と認知行動アプローチの有用性を指摘しておきたい。

　しかし、もう一方で、精神的な疾患を抱えていることと精神的健康性とは必ずしもおなじ次元でとらえられる問題ではないという点も再確認しておきたい。倉戸は、ある統合失調症の利用者とのセラピーをふまえて、「病気をしたとしても、『今、病気なんだ』という気づきをもち、そして、それでは、どうすればよいのか、病気に関わって（contact）いくことができること、すなわち、問題解決へと向かうことができること、それが精神的健康性であるということができるのではないか」と指摘しているからである。

【注】
(1) McMahon, O. M., *The General Method of Social Work Practice (3rd ed)*, Alley & Bacon, 1996, p14. 邦訳は、太田義弘・秋山薊二編著『ジェネラル・ソーシャルワーク　社会福祉援助技術総論』光生館、1999年、79頁を参照。
(2) 河合隼雄『カウンセリングと人間性』創元社、1975年、190-191頁。
(3) E・T・ジェンドリン『フォーカシング』村山正治・都留春夫・村瀬孝雄訳、福村出版、1982年などを参照。
(4) F・S・パールズ『ゲシュタルト療法　その理論と実際』倉戸ヨシヤ監訳、ナカニシヤ出版、1990年、89頁。
(5) 倉戸ヨシヤ『ゲシュタルト・セラピーの人格論』㈶関西カウンセリングセンター、1991年、130頁。
(6) F・S・パールズ、前掲書(4)、107頁。
(7) ロージャズ「自己が真の自己自身であるということ　人間の目標に関する一セラピストの考え」村山正治編訳『ロージャズ全集12　人間論』岩崎学術出版社、1967年、176頁には、"The way to do is to be" ということばが、老子のものとして紹介されている。
(8) E・ジェンドリン、池見陽『セラピープロセスの小さな一歩　フォーカシングからの人間理解』池見陽・村瀬孝雄訳、金剛出版、1999年などを参照。
(9) NHKテレビドラマ『風のハルカ』2006/3/7放映分
(10) 平木典子編『アサーション・トレーニング〈現代のエスプリ450〉』至文堂、2004年などを参照。
(11) 倉戸ヨシヤ、前掲書(5)、131-132頁。
(12) クラーク・E・ムスターカス『児童の心理療法　遊戯療法を中心として』古屋健治訳、岩崎学術出版社、1968年、12頁。
(13) スモーリー「ケースワーク実践に対する機能派アプローチ」ロバート・W・ロバーツ／ロバート・H・ニー編『ソーシャル・ケースワークの理論Ⅰ　7つのアプローチとその比較』久保紘章訳、川島書店、1985年、93-104頁を参照。
(14) 池見陽編著『フォーカシングへの誘い　個人的成長と臨床に生かす「心の実感」』サイエンス社、1997年、17-18頁を参照。
(15) 中村佐織「ジェネラル・ソーシャルワークの展開過程」太田義弘・秋山薊二編著『ジェネラル・ソーシャルワーク　社会福祉援助技術総論』光生館、1999年、97-98頁を参照。とくに98頁には、「アセスメント過程に参加したクライエントは、その過程を通してエンパワーメントした自己を形成することが可能である」と述べられている。
(16) この概念については、パールズ、前掲書(4)、68-69頁および83-84頁を参照。同書84頁には、「我々が知るべき、また、扱うべき問題は、クライエントの自己妨害がいかにしてなされるかということであって、決してフロイトが考えたような『妨害の原因』、すなわち妨害がなぜ起こるか、ということではない。……我々はそこにそれ自体を表わしている、外に表われている現象そのものを扱うのだということである。……クライエントが自分で自分自身を妨害しているやり方に気づけば気づく

ほど、必然的に、自分が何を押さえようとしているのかに気づくものである。……妨害、押さえ込みそのものに集中することによって、クライエントは自分が自分自身を押さえ込んでいるという事実と、何を押さえ込んでいるのかということに気づいていくわけである」と述べられている。
(17) たとえば、インスー・キム・バーグ『家族支援ハンドブック ソリューション・フォーカスト・アプローチ』磯貝希久子監訳、金剛出版、1997年、33頁などを参照。
(18) F・ホリス『ケースワーク 社会心理療法』本出祐之・黒川昭登・森野郁子訳、岩崎学術出版社、1966年、293-303頁。
(19) S・フロイト「分析医に対する分析治療上の注意」小此木啓吾訳『フロイト著作集9 技法・症例篇』人文書院、1983年、79頁。
(20) この概念について、日本社会福祉実践理論学会編『【新版】社会福祉実践基本用語辞典』川島書店、2004年では、「親近感や信頼感にあふれた深い感情的接触を伴う対人援助関係を意味する。ソーシャルワークにおける面接場面の展開を支え、援助関係の前提をなす特性で、価値観と科学的知見とを基にした専門的態度である。問題解決へクライエントを参加させ、傾聴・共感・受容していくことによって、形成されていく」と説明されている。
(21) 向谷地生良「べてるの家の『無責任体制』」浦河べてるの家『べてるの家の「非」援助論 そのままでいいと思えるための25章』医学書院、2002年、205頁。
(22) Lowenberg, F. & Dolgoff, R., *Ethical Decisions for Social Work Practice (4th ed.)*, F. E. Peacock Publishers, Inc., 1992, p.60.
(23) 境界が明確ではないということは、「コンタクトする接点が認知」できない(パールズ、前掲書(4)、40頁)ということである。
(24) 同書、46-57頁。
(25) 毎日放送『情熱大陸』2006/5/28放映分
(26) イレイン・P・コングレス「ゲシュタルト理論」フランシス・J・ターナー編『ソーシャルワーク・トリートメント 相互連結理論アプローチ(上)』米本秀仁監訳、中央法規出版、1999年、555-556頁。
(27) 倉戸ヨシヤ、前掲書(5)、130-131頁。

VI 実践事例の検討

1 べてるの家における支援技術の特徴

　べてるの家は、北海道の浦河にあり、精神保健福祉領域で主流とされている援助論に異議を唱えて、独自の「『非』援助論」[(2)]を展開している精神障害者の会社である。

　Ⅳでは、弱さを契機として適応能力（強み、または advantage）が開かれてくる条件として、①関係性、②状況、③認知の3つを指摘したが、本節では、この3つについて、べてるの家ではどのような支援が展開されているのかを検討したい。

(1) 関係性（「弱さを絆に[(1)]」）
①公私混同

　べてるの家では、「公私混同」[(3)]が推奨されている。つまり、利用者と支援者は異なった存在ではなく、おなじように理解され、おなじ仕組みで支援されるというアイデアである（図5-4を参照）。

②プロセスの尊重

　そこで重視されるのは、「自分とつきあうこと[(4)]」と「問題を解決しないこと[(5)]」すなわちプロセスをたいせつにすることである。前章において述べたように、べてるの家では、自分たちが弱さを抱えたままで生きていくために、仲間との相互依存関係という「関係性」を形成（共生の一形態）しようとし

ている。そのことが、「弱さを絆に」や「3度の飯よりミーティング⁽⁶⁾」というスローガンに表現されていると考えられる。

そのための仕組みづくりについては、(2)で詳しく述べる。

③偏見、もめごと大歓迎

地域との関係については、「偏見・差別大歓迎⁽⁷⁾」というスタンスが採られている。これは、地域住民と利用者を区別することなく、おなじ関係性でかかわっていることを意味している。その地域で生活するだれもが自分の思っていることや考えていることを率直に語りあえること（主体と客体を分けられることのない関係性）によって、おたがいのストーリーを共有しあうことができる。そうすることで、まわりの人は、この社会のドミナント・ストーリーから一歩距離を置いて、利用者の物語に近づくことになると考えられる。このような関係性から共生社会は、少しずつかたちづくられていくのではないだろうか。

そのための「認知」（理解の変化）については(3)で検討したい。

(2) 状況（商売）

弱さを助長する「状況」を回避（コンタクトの一形態）することの意義についてはすでに述べた（Ⅳを参照）。ここでは、弱さがadvantageになるような仕組みづくりについて考えてみたい。

べてるの家は、「安心してさぼれる⁽⁸⁾」仕組みをもった会社である。その特徴のひとつは、強く生きることではなく、弱くあることを支えあうところにある。そのためには、自分の置かれた状況と生きる苦労の2つに向きあうことが必要とされる。この項では、自分の状況に向きあうための(a)弱さの情報公開⁽⁹⁾と(b)当事者研究⁽¹⁰⁾、そして(c)生きる苦労⁽¹¹⁾についてみていきたい。これら3つは、現実との照合が必要な行為であり、べてるの家では、迷惑をかけあうこと⁽¹²⁾と商売⁽¹³⁾という2つの側面からそれらにアプローチしている。

Ⅵ 実践事例の検討

①自分の状況（「弱さの情報公開」）

　仕事のローテーションにおいて、おたがいに相手のピンチヒッター役を引き受けあうためには、自分の状況をきちんと把握でき、自分の働き方をマネジメントできることが必要である。その基礎となる責任感は、おたがいに迷惑をかけあうなかから生まれてくる。そのような現実との照合による責任感が、相互依存の基礎になっていると考えられる。そこから、「責任をとらせてあげること(14)」も援助であるというアイデアが生まれてくる。ルールという限界を設定し、利用者、支援者それぞれが自分のしていることを確認し、「今－ここで」起こっていることに直面することが重視されるのである。共生とは、そのような限界に直面することを要請するような、おたがいの弱さを前提とした助けあいという側面をもっているからである。

②当事者研究

　自分の体験と現実との照合を、もう少しシステマティックにしたものが「当事者研究」と呼ばれているものである。これは、ある枠組み（西洋科学の知）にもとづいて表現された自分と自分の実感とを照合することによって、自分が納得できる自己理解を形成していく試みである。病気にならないためにはどのようにすればよいか（過去の原因を解明する）ではなく、「どうしたらなれるか(15)」という現象学的視座（自分が困った状況におちいるときは、どのようなプロセスをたどるのか）に関心を寄せて、楽しいことをたいせつにした共有(16)がめざされている。それは、「自分の苦労の主人公になる(17)」（苦労を主体的に引き受ける）ということでもある。

③生きる苦労

　商売とは生計を立てる手段である。そこで適用されるのは現実原則であり、結果がともなう。

　精神保健福祉におけるリハビリテーションの考え方は、今の社会や援助者の基準にあわせることである。しかも、医療は症状を消し、実感を奪ってしまう。そこから生きる苦労を取りもどすために、べてるの家では商売をはじめたのである(18)。つまり、自分たちを排除してきた社会の基準に背を向け、

あえて「降りていく生き方」[19]を選択し、商売という現実や生きる苦労に向きあうことが、べてるの家の人々が社会で生きていくということなのである。

(3) 認知（「そのままでいいと思える」[20]こと）

幻覚・妄想大会（G&M大会）[21]においては、妄想（病気、症状など）が荒唐無稽であればあるほど評価される側面がある。それは、それまで医療によって（そして、社会や自分自身によっても）否定的にしか認知されなかったものに価値が付与されることを意味している。それは、出場者自身のセルフ・エスティームを高める方向に作用するだろう。

この自分の価値の再評価は、つぎの3つの契機で起こると考えられる。

①ビデオの制作・販売

プロジェクトBと称されるビデオの制作・販売[22]においては、病的とされる体験が商品としての価値をもつ。病気は仕事を妨げるものではなく、病気を語ることが現実性を帯びた仕事になり、それが収入にもつながる。

②「教え教えられる関係」

自分の病気を語ることが、自己理解や生計に役立つだけではなく、おなじ病気で苦しむ他の人たちの援助にもなる[23]。つまり、相手が自分の病気を振り返り、客観的にみつめ直す機会を提供することに役立つのである。他者の体験という外部の照合枠を自分の体験にあてはめてみることを通して、自分の実感を形成し、納得できる自己理解に至る可能性が開かれると考えられる。つまり、アセスメントや研究の「対象」とされていた人が、教えたり支援する「主体」になる（主客が逆転する）のである。

③健常者への支援

べてるの家では、「健常者を支援する」[24]ことがテーマのひとつになっているという。それは、「自分たちの患者としての経験をもとに『ひとりの医者をつくっていく』」[25]試みである。つまり、支援される側が、自分たちの基準からみて役に立つ支援者を育てていくことだといえる。これは、セルフヘル

Ⅵ　実践事例の検討

プ・グループの援助機能のひとつとされる「プロデューサーとしてのコンシューマー」[26]という考えに相通じるところがある。

　以上みてきたように、べてるの家には、だれかの役に立つことによって、本人のセルフ・エスティームが高められるような仕組みがさまざまに用意されている。さらに、病気であることに向きあい続けることが積極的に評価されるので、ありのままでいることを自分自身でも尊重できるようになると考えられる。

2　エコシステム構想とべてるの家における支援技術

(1) 利用者

　前節で述べたことをふまえて、本節では、べてるの家の支援技術を、Ⅴでまとめた支援技術の体系と対照させながら検討していきたい。
　表6-1は、「利用者」に関する技術の対応関係を示したものである。
　まず、「生活の場への働きかけ」についてみてみたい。
　環境（客観的現実）は、西洋科学の知にもとづき、現状把握を目的とし、環境におけるさまざまな人物とのもめごとや、偏見といった交互関係、あるいは商売をするうえでの苦労という現実に関心が向けられている。商売を通して地域に根ざしつつ環境を変えることがめざされるため、利用者は現実への対処方法（商売の技術、人間関係における交渉の技術など）を習得することと、それが自分にとってどのような体験であったのかを、仲間や地域住民、顧客などと共有していく責任がある。
　そのための仕組み（方法）として、つぎの2つが実践されている。(a)会社（商売）において、メンバーは、弱さの情報公開（迷惑をかけあう）という関係性をたいせつにすることによって、おたがいを思いやることができ、相互に責任を引き受けることができるようになる。(b)ミーティングや地域住民との話しあいにおいては、それぞれの人がそのままでいいと思えることを可

表6-1　エコシステム構想の技術とべてるの家における技術（環境と利用者）

環境（客体としての現実）

・生活の場への働きかけ

知識（関心　焦点）	価値（目的）	方法　技法	べてるの家
構造的に再構成（現在の広がり）分析	現状把握　プランニング	実感との照合　支援ツールの活用　時系列の照合	病気を語ること（ビデオの撮影）[出典1]　商売（現実原則）[出典2]　生活の糧（商品としての価値）[出典1]
時系列に再構成（変化）比較	評価　効力感		
社会的自律性	責任性（適応）　社会正義	対処方法の習得　社会的弁護　エンパワメント	失敗する権利[出典3]　偏見、差別大歓迎[出典4]
円環的　適応しつつ環境を変える	環境へのコンタクト　主体性　効力感	対処方法の選択（フィードバック）　相対化（実感にもとづいた問い返し）	「安心してさぼれる」システム[出典5]　商売の仲間としての地域住民[出典6]

利用者（生活コスモス）

・実感形成を促進する技術

時間の推移（過程）	実感の形成　過程を生きること	体験過程スケールの活用（体験の記述）　フォーカシング	安心して幻覚・妄想を語ることができる[出典7]　生きる苦労をとりもどす[出典2]
時系列に再構成（ストーリー）語り（多義性）	意味の生成　意味の選択　体験の統合性	語ること　ストーリー　紡ぐこと	幻覚・妄想大会[出典7]　そのままでいいと思えること[出典8]　迷惑をかけあうこと[出典4]
自己実現	意味づけ（認知）の変化	絶対化（個別化、無条件の尊重）	降りていく生き方[出典9]
ビジュアル化	実感へのコンタクト	チェアー・テクニックの活用	当事者研究[出典10]　SST[出典11]　ビデオ撮影[出典1]
気づき（洞察）「今-ここ」でのコンタクト	納得　対処方法の発見	体験過程の促進　自己妨害への確認　自己の感受性に応答していく技術	SST（ヘルパーセラピー原則）[出典11]　自分とつきあうこと[出典12]

出典1　浦河べてるの家『べてるの家の「非」援助論　そのままでいいと思えるための25章』医学書院、2002年、77-85頁
　　2　同書、43頁
　　3　同書、166-167頁
　　4　同書、47-54頁
　　5　同書、59-64頁
　　6　同書、50-52頁
　　7　同書、98-99頁
　　8　同書、115-116頁
　　9　同書、40頁
　　10　同書、137-161頁
　　11　同書、92-97頁、174-186頁
　　12　同書、204頁

能にするため、その体験過程を絶対化（個別化、共感、受容）し、解決をめざさない話しあいを継続する。

つぎに、利用者の生活コスモスにかかわっていくための技術についてみていきたい。

利用者は、SST（ロールプレーやサイコドラマの内容を含む）や当事者研究などを通してビジュアル化された情報を利用して、(a)今までの自分の対処方法がどう有効であったか（あるいは有効でなかったか）の分析や、(b)自分と環境との関係性がどう変わったのか（認知）の比較が時系列で行われることになる。その際、解釈によってではなく、実際にメンバーの前でやってみたときの自分の実感やメンバーの意見がそれぞれ比較・照合され、そういった作業を通して、利用者と支援者、あるいは利用者同士で共有できるストーリーが紡ぎだされていく。つまり、幻覚と現実、実感と行動などの不整合（関連性）に気づき、「当事者＝統治者」という全体的な統合性をめざすという環境へのフィードバックが協働で行われていると考えられるのである。

さらに、現実としての環境と利用者の生活コスモスを統合するための仕組みとして、幻覚妄想大会や商品としてのビデオの販売があると考えられる。これらにおいては、病気の体験（本人がリアルだと認知している幻覚や妄想、およびそれにまつわるエピソードなど）を語ることが、逆に社会から評価され（優勝したり、ビデオが売れ）互恵関係が成り立つからである。そのような体験を通して、医療や社会の価値ではなく、自らの体験を実感として尊重できるようになり、病気や自らの価値などを問い返し、その意味を主体的に選択することが可能になると考えられる。このことは、個の価値を絶対化することを通して、社会の価値を相対化し、おたがいに尊重しあえるような共生社会を志向したアイデアだといえるのではないだろうか。

(2) 支援者

表6-2は、前項と同様に、「支援者」に関する技術の対応関係を示したものである。

まず、「支援者の枠組みにもとづいた情報収集とアセスメント」についてみていきたい。

表6-2　エコシステム構想の技術とべてるの家における技術（支援者）

> 支援者（客観的事実）

・支援者の枠組みにもとづいた情報収集とアセスメント

知識（関心　焦点）	価値（目的）	方法　技法	べてるの家
人と環境	客観的事実の認識	支援ツールの活用 （支援者側の理解）	当事者研究 （ある枠組みにもとづいた理解）(出典1)
交互関係	実感とのずれの認識	情報の共有	研究結果の発表(出典2)
知識（情報）の欠如 誤解 無関心	現実的な認知と コンタクト	情報の提供 情報の修正 関心の喚起	研究成果を他者に役立てる(出典3) SST（他者からのフィードバック）(出典4) 生きる苦労をとりもどす(出典5)
未体験	適応	対処方法の学習	SST（生活技能の訓練）(出典4)

・場面展開の技術
　個々のセッションのマネジメント

実際の時間 全体のまとまり	時間管理 場面設定	時間という制限 構造化	生活場面面接(出典6)
現象学的場 「今―ここで」	責任性 （実感にもとづく） （満足と納得）	体験過程スケールの活用 （実感とのコンタクト）	体験の尊重 「当事者研究」の活用(出典7) 「解決」を重視しない(出典8)

・局面展開の技術

インターベンション	フィードフォワード	課題設定（ターゲットとゴール）	SST(出典9)
モニタリング	フィードバック（評価）	実感との照合	SSTにおける人間関係の活用(出典10)

出典1　浦河べてるの家『べてるの家の「当事者研究」』医学書院、2005年、4-5頁
　　2　同書、5頁
　　3　同書、5頁
　　4　浦河べてるの家『べてるの家の「非」援助論　そのままでいいと思えるための25章』医学書院、2002年、182頁
　　5　同書、42-46頁
　　6　同書、38頁
　　7　同書、77-85頁、137-161頁
　　8　同書、182頁
　　9　同書、92-97頁
　 10　同書、174-186頁

　精神医学の知識は、利用者が仕事に来なかったり、入院するかもしれないということがらの予想には役立つと考えられるが、べてるの家では、それ以上の意味づけはされていないと思われる。むしろ、そのような医学的な立場はパターナリスティック paternalistic なために利用者の苦労を奪ってしまうと考えられている。したがって、支援者の枠組みは、モットーやスローガン、ルールなどとして表現されていて、ミーティングやSSTを通して利用者に伝えられ、利用者は自分自身の体験や生活コスモスとそれらの枠組みとを比較・照合することになる。その結果が利用者と支援者のあいだで共有される

Ⅵ 実践事例の検討

ことでエンゲージメントが成り立ち、協働がはじまると考えられる。
　つぎに、「場面展開の技術」についてみてみたい。
　べてるの家は、会社であり、利用者にとっては生活の場の一部なので、面接におけるような構造的な場面展開の技術は存在しないと思われる。むしろ、日々の営みのなかで、体験を語ることや解決をめざさずに話しあいを続けることが重視されていると考えられる。ただし、もう一方で、そういった日々の営みを支える技術を利用者が学ぶ機会として、SSTやミーティングという場面が用意されている。

(3) 支援関係

　表6-3は、「支援関係」に関する技術の対応関係を示したものである。
　まず、「生活コスモスの情報収集とアセスメント」についてみていきたい。
　利用者の生活コスモスにかかわっていくための技術としては、前述したように、当事者研究、幻覚・妄想大会、SSTなどがある。当事者研究では、困った問題が起きる過程を利用者自身がフローチャートなどを作ってビジュアル化すること、SSTにおいてはロールプレイやサイコドラマなどの手法を用いて困った問題が起きる状況をシミュレーションとして再現してみることを通して、利用者の生きているストーリーが他の人たちと共有されることになる。ここでのアセスメントとは、支援者によるものではなく、利用者が自分で自分の状況を理解していくことである。
　つぎに「協働のコンテクストを創造するための技法」についてみてみたい。
　前述したように、べてるの家では、そこでのモットーやスローガン、ルールなどに合意することでエンゲージメントが成り立ち、協働がはじまる。これを支える仕組みとして、さまざまなミーティングやSSTなどが用意されているが、支援者自身もおなじ仕組み（支援者のためのSSTなど）によって支援されているというところがポイントである。つまり、みんなが「苦労」という共通の課題に対して、共通の仕組みで支援されているということが、協働という関係性を支えていると考えられるのである。

表6-3 エコシステム構想の技術とべてるの家における技術(支援関係)

支援関係

・生活コスモスの情報収集とアセスメント

知識(関心 焦点)	価値(目的)	方法 技法		べてるの家
人と環境	自己理解	支援ツールの活用 (ビジュアル化)	—	当事者研究(出典1) 幻覚・妄想大会(出典2) SST(出典3)
交互関係	共生	ストーリーの共有 (分かちあい)		

・協働のコンテクストを創造するための技法

複眼的	ずれの確認	理解の比較、照合	—	解決をめざさずに話しあうこと(出典4)
契約	役割分担	ソリューション・フォーカスト・アプローチの質問の型		ルール 安心してさぼれるための分業(出典5) スローガン キャッチフレーズ(出典6) ミーティング(出典7) 支援者のSST 公私混同
コンテクスト	協働			

・協働のコンテクストを妨げる要因への対処

自己妨害 (実感と向きあわないこと)	気づき 選択 責任性(実存性)	シミュレーション 直面化(していることの確認)	—	SST 失敗の尊重(出典8) ロールプレイ サイコドラマ(出典3)
場面設定	責任性 (現実と向きあうこと)	制限	—	責任をとらせてあげることも援助(出典9)
学習された無力感	効力感の醸成	拮抗する体験の学習	—	体験がそのものとして 価値をもつこと(出典10) 「病気」が体験や商品として 価値をもつこと(出典10)
例外 思い込み コンプレックス(個人的) 差別・偏見 (社会的、文化的)	事実と実感に もとづいた気づき 現象学的場 生活コスモスの再編	直面化 (事実の確認と自己の感情) セルフヘルプ・グループ	—	自分とつきあうこと(出典11)

▨の部分は、システム思考と生態学的視座の両方にまたがっていることを示している。

出典 1 浦河べてるの家『べてるの家の「当事者研究」』医学書院、2005年、3-5頁
　　 2 浦河べてるの家『べてるの家の「非」援助論　そのままでいいと思えるための25章』医学書院、2002年、98-99頁
　　 3 同書、92-97頁、174-186頁
　　 4 同書、182頁
　　 5 同書、59-64頁
　　 6 同書、8頁、188頁
　　 7 同書、92-97頁
　　 8 同書、166-167頁
　　 9 同書、204頁
　　10 同書、77-85頁
　　11 同書、204頁

さいごに「協働のコンテクストを妨げる要因への対処」について。

さまざまなレベルでの認知のくいちがいは、SSTやミーティングなどを通して、継続的に話しあうなかで、少しずつ利用者のあいだで共有されていくと思われる。「もめごと」や失敗は、利用者が自分自身の意図と行動とのず

れに気づき、その不整合にコンタクトしていくためのチャンスとして、SST やミーティングで積極的に取りあげられる。SSTはシミュレーションとしての性格が強いが、それだけではなく、実際にやってみて、もめたり、失敗を体験してみることも尊重されているのである。それらを通して、利用者は、自分がしたこと（結果）、あるいはしていること（意図）を引き受けることができるようになると考えられるので、支援者は、利用者に自分の行動に対する責任をとらせてあげることも援助のひとつだと考えている。

3 諏訪中央病院における支援技術の特徴

つぎに、諏訪中央病院における支援技術についてみていきたい。

この病院は、1974年当時、情熱をもった医師たちが、投薬や注射中心ではなく、生活指導中心の「よい医療」を行っていたが、患者は少なく赤字が累積していた。しかし、地域住民との学習会などを根気強く続け、しだいに地域に根ざした患者中心の医療を行う病院として発展して、今日に至っている。その当時に赴任し、院長の経験もある鎌田實は、『がんばらない』、『あきらめない』、『それでもやっぱりがんばらない』などの著書のなかで、そのような実践について語っている。本節では、第1節と同様に、(1)関係性（「あきらめない」こと）、(2)状況（地域に開かれた病院づくり）、(3)認知（「がんばらない」こと）、という3つのキーワードから、この病院における支援技術の特徴を検討していきたい。

(1) 関係性（「あきらめない」こと）

まず、「あきらめない」について。「あきらめないで、ていねいに生きること」と述べられている。つまり、「病気から逃げない」で、しっかりと向きあうこと（コンタクトをもつこと）である。ここでは、そのポイントをつぎの3点にまとめておきたい。

①「投げ出さない」感性

　「投げ出さない」ことは、あきらめないことでもある。それは、希望をもち続けるという実存的な生き方や関係性を選択することでもある。

　また、それは、(a)「人間は失敗しながら成長していく」という人間観や、(b)「キューブラー・ロスが『死ぬ瞬間』（読売新聞社）のなかで語っているような、受容に向かっていく心の変化は、一つの行路だけでなく、いくつもの行路があるのではないか」としたうえで、「このジグザクがなんとも人間的で、いとおしい」と感じるような感性によって支えられたアイデアだと思われる。

②関係の相互性（交互関係）

　「普通の人の普通の思いを支えてあげられるような医療」とは、「臓器だけにこだわらず、疾病をかかえる人間、家族、地域に思いを注ぐ医療」である。

　鎌田は、自身のウェブサイトで、「この世におさらばするときに、『迷惑かけたね』、『もっと迷惑かけてくれてよかったのよ』なんて言ってもらえたらうれしい」と述べている。たとえば、著書『がんばらない』のなかには、看護学校の学生と患者である小森夫婦の交流を描いたエピソードがあり、そのなかで鎌田は、「（その学生が）魂に寄り添おうとした結果、まわりの人間の魂が寄り添ったように思った」と述べている。そして、「人間って一方的に支えるなんてありえないことがよくわかった」と述べる。そのような相互的な関係性のなかから、「救命できなかったあとも感謝し合える関係」が生まれてくるのだと考えられる。

③公私混同も辞さない関係性

　「いっしょに病気と闘ってくれた主治医と同じ温泉につかり、心の支えとなってくれた看護婦さんたちと酒をくみかわし、都会から来たドクターたちと、自分の得意のキノコ談義に花を咲かせるとき、今まであった鬱々とした気分は晴れて、『生きててよかった』と思ったのではないだろうか」というような、「原則としては私的な交流はしない」が、ときに公私混同も辞さな

いような関係性がこの病院の特徴であると考えられる。

　つまり、本人とまわりの人たちが、病気と向きあい、あるいは寄り添う生き方とは、このような交互関係（「主体と客体」ではなく、どちらもが主体であるような関係）のなかで紡がれていくものなのであり、利用者と支援者はおなじ原理によって理解され支援されると考えられるのである。

(2) 状況（地域に開かれた病院づくり）

　前述したような関係性は、この病院の「時間的、空間的、内容的に開かれた病院づくり」というモットーにも表れている。鎌田は、「諏訪中央病院がちょっと変わった病院として発展できたのは、地域から見放された、患者が来ない病院からスタートして、医者はみな地域へ出て、地域で学ぶところから始めることができたのが幸いしたと思う」と述べている。

　ここでは、このような地域住民との協働のポイントをつぎの3点にまとめてみたい。

①地域活動（学びあいと協働）

　この病院の医師たちは、「ほろ酔い勉強会」と名づけられた地域住民との話しあいを継続した。その活動のなかから「保健補導員」と呼ばれるヘルスボランティアが組織され、その経験者たちはオンブズマンとして病院に意見を出してくれる仕組みになっている。それらは、「医療がよい結果を出せないとき、軌道修正ができるツール」として機能している。

　鎌田は、このような仕組みができあがる過程で、病院経営は苦しかったが、「『正しいものは正しい』という方針を貫いたことは（中略）今から考えると大切なことだったと思う」と述べる。つまり、彼らの地域活動は、医療関係者だけでノウハウを独占せず、それらを住民（患者やその家族）と共有することによって、住民による主体的な選択が可能になり、その過程で、押しつけや迎合に堕してしまうことなく、住民のニーズと「専門的」な医療知識

とのずれがうめられていったと考えられる。鎌田は、このことを「ぼくたちは住民の意識改革をするし、住民によってぼくたちは変えられていく」と述べている。

②非専門的援助

この病院では、ノウハウを共有するだけではなく、患者会やヘルスボランティアといった非専門家による支援も尊重されている。鎌田は、そのことを「命が孤立せず、命と命が地域のなかでつながり始めた」とか、「ぼくたちが助けた命に、今、ぼくらが助けられている。同じ地域の一人ひとりが癒しあえる関係ができてきたのかもしれない」と評している。市民と病院との自由な交わりは、患者や市民の側にもともに学びあいながら協働しようという姿勢を作りだしたといえる。このことの意義については後述（第5節）する。

③支援の視座

前述したべてるの家の支援には、この社会において主流とされる価値観に対して利用者の視座から問い返すというオリエンテーションがあった。諏訪中央病院のそれは、病院が提供する西洋医学（西洋科学）の視座を地域住民の生活コスモスから問い返し、患者中心のサービスを協働して実現させるというものである。このことをまとめると表6-4のようになる。

表6-4　べてるの家と諏訪中央病院における2つの視座

	主体	問い返されるもの
べてるの家	当事者の視座	社会の主流の価値観
諏訪中央病院	地域住民の生活コスモス （ごく普通の思い）	西洋医学の視座

いずれの場合にも、西洋科学の知を臨床の知によって問い返すという仕組みになっていることが示唆される。このことを次項において詳しくみてみたい。

(3) 認知（「がんばらない」こと）

鎌田は「がんばらない」ということばについて、「『がんばりすぎないでほ

しい』、だけど『なげださないで』『あきらめないで』という意味をこめてある」と述べている。このことは、別の箇所では「自分に正直に生きればいい」とか「無理しない。なんとかなるさ」と表現されている。つまり、このことばの核心は、他者の期待にあわせるのではなく、自分の実感をたいせつにしながら、ていねいに生き方を選択していくところにあるといえる。そのことをつぎの3つのキーワードからみていきたい。

①他者への想像力

鎌田は、「現代の科学技術文明のなかに完全に組み入れられた医療は、サイエンスやエビデンス（根拠）などの言葉に蹂躙され、他者への想像力を急激に失いはじめた」ことに強い危惧を表明している。人が人を診るのが医療であれば、「不器用だが手ごたえのある生」を支えることがたいせつだというのである。

そのためには、まず、「隠し事がない」ことが必要である。真実を語りあえることが、おたがいを大事にする気持ちの基礎になるからである。そして、「真実をどうショックなしに伝えられるのか、そこにプロとしての能力が問われる」。と述べる。別の表現をすれば、鎌田のいう他者への想像力とは「臨床の知」のことであり、真実（西洋医学にもとづく客観的な事実）を、本人の実感からどのように問い返していくのか、その技術こそがプロとしての能力だということになる。このことは、「西洋医学のまっただ中で、ぼくらの病院の看護婦は平然と神のみをしている。とてもいい話だと思った」、あるいは「立場がちがうと思いも考え方も違うことを知った。でも違うという前提があっていいように思う。答えはひとつではないのではないか」という記述によって裏づけられていると思われる。

②攻める（治す）医療と支える医療

そのような意味で、医学とは人間科学であり、「それぞれの『生きている意味』を尊重して、治療していくべきではないだろうか」と提言されていると考えられる。

そして、そのうえで、「攻める医療」と「支える医療」という2つの視座を上手に組みあわせることが支援のポイントになるのである。これらのことをまとめたものが表6-5である。

表6-5　鎌田實の2つの視座

攻める医療	支える医療
西洋科学	他者への想像力
エビデンス	神のみ
巧みに生きること	不器用だが手ごたえのある生
真実（客観的事実）	立場が違うと思いも考え方もちがう

③体験を紡ぐこと

　支える医療において、たいせつなことのひとつは、物語を紡ぐことである。

　たとえば、鎌田は、東京の大病院で息子を亡くしたときの悲しい看取りの体験を、日本医学会総会のシンポジストとして発表したミチ子さんのエピソードを紹介しながら、彼女は「発表させてもらうなかで、徐々に徐々に癒されていったように見えた」と述べている。また、あるがん患者の母親は「（息子である）研治の生き方は、私たちの人生観や価値観までも変えた」と語り、現在は病院ボランティアとして活躍されているという。

　また、看護師が、血圧も測りにくくなった患者さんの病室に各種のモニターや医療機器をもち込むのではなく、ベッドにビニールを敷いて、お湯の支度をし、妻がおじいちゃんの足をお湯でマッサージしたり、娘がからだをさすったり爪を切ったりしてあげられる場を用意していたのをみて、「亡くなるときに介護に参加させてくれ、思い出づくりをさせてくれる『看護』の大切さを教えられた」と述べている。

　「不器用だが手ごたえのある生」とは、このように協働して体験を紡ぎながら、それぞれがその意味をみいだしていこうとする営みによって裏づけられているのであり、患者会などのセルフヘルプ・グループにおける相互支援にもみられるものである。

4 エコシステム構想と諏訪中央病院における支援技術

(1) 利用者

　前節で述べたことをふまえて、本節では、諏訪中央病院における支援技術を、第2節と同様に、Ⅴでまとめた支援技術の体系と対照させながら検討していきたい。

　表6-6は、「利用者」に関する技術の対応関係を示したものである。

　まず、「生活の場への働きかけ」について、西洋医学（西洋科学）と実存性の2つの視座に分けてみていきたい。

　西洋医学は、さまざまな検査を用いて利用者の疾患を診断する。そのなかには、CTスキャナーやエコー、胃カメラなど、検査データをビジュアル化して示すことのできるツールも含まれている。利用者は、そのようなツールを活用しながら医師が示す検査結果や診断を共有し、事実を知ることによって、自分の治療について責任のある選択（環境とコンタクトをもつこと）ができると考えられている。

　また、実存的視座からは、人間は一方的に支えられる（あるいは迷惑をかける）存在ではないので、おたがいに立場のちがう人の意見や意思、想いなどを尊重しあうことがたいせつだと指摘されている。西洋医学の意見は、客観的な事実ではあるが、利用者は、医療スタッフと協働しながらそれを自分の実感と照合し、納得のいく生き方やいのちの選択（現実を意味づけし直したり、まわりの人たちと共有できる物語を作りだすというフィードバック）をしていくことになる。

　つぎに、利用者の生活コスモスにかかわっていくための技術についてみてみたい。

　「がんばらない」とは「自分に正直に生きる」ことであり、「今－ここ」での体験をたいせつにすることだと考えられる。「あきらめない」は、夢をもつことであり、もうすぐ死ぬと考えるのではなく、「これからも生きていいんだ[70]」と理解すること、そういうありのままの人生のプロセスを尊重して

表6-6　エコシステム構想の技術と諏訪中央病院における技術（環境と利用者）

環境（客体としての現実）

・生活の場への働きかけ

知識（関心　焦点）	価値（目的）	方法　技法		諏訪中央病院
構造的に再構成 （現在の広がり） 分析	現状把握 プランニング	実感との照合 支援ツールの活用 時系列の照合	―	インフォームド・コンセント(出典1) 西洋医療(出典2) 生きがい　生きている意味(出典3)
時系列に再構成（変化） 比較	評価　効力感			
社会的自律性	責任性（適応） 社会正義	対処方法の習得 社会的弁護 エンパワメント	―	あきらめない(出典4) ほろ酔い勉強会(出典5) ボランティア　患者会(出典6)
円環的 適応しつつ環境を変える	環境へのコンタクト 主体性　効力感	対処方法の選択 （フィードバック） 相対化 （実感にもとづいた問い返し）	―	インフォームド・チョイス(出典7) 迷惑の尊重(出典8) 人間って一方的に支える なんてありえない(出典9)

利用者（生活コスモス）

・実感形成を促進する技術

時間の推移（過程）	実感の形成 過程を生きること	体験過程スケールの活用 （体験の記述） フォーカシング		がんばらない(出典10) 心が動かされる(出典11) ありのまま(出典12)
時系列に再構成 （ストーリー） 語り（多義性）	意味の生成 意味の選択 体験の統合性	語ること ストーリー 紡ぐこと		受けとめること(出典13) 寄りそう(出典14) 命のあり方を伝える(出典15) 夢を持つこと(出典16)
自己実現	意味づけ（認知） の変化	絶対化 （個別化、無条件の尊重）		自分に正直に生きる(出典17) 投げださない(出典18)
ビジュアル化	実感へのコンタクト	チェアー・テクニックの活用		(他者への想像力　病人の辛さや悲しみ)(出典19)
気づき（洞察） 「今－ここ」でのコンタクト	納得 対処方法の発見	体験過程の促進 自己妨害への確認 自己の感受性に 応答していく技術		ていねいに生きること(出典20) 病気から逃げない(出典21)

出典 1　鎌田實『がんばらない』集英社文庫、2003年、39頁、228頁、232-233頁
　　 2　同書、82-84頁
　　 3　同書、153頁、187頁、252頁、264頁
　　 4　同書、19頁、154頁
　　 5　同書、90-95頁
　　 6　同書、79-80頁、211-221頁
　　 7　同書、15-16頁、55-56頁、232頁、272頁
　　 8　同書、65頁、および鎌田實オフィシャル・ホームページ　http://www.kamataminoru.com/local.htm　2006年
　　 9　同書、164頁
　　10　同書、35頁、154-155頁
　　11　同書、264頁
　　12　同書、155頁
　　13　鎌田實『それでもやっぱりがんばらない』集英社、2005年、14頁
　　14　鎌田實、前掲書(1)、19頁、37頁、55頁
　　15　同書、36-37頁、55頁
　　16　鎌田實、前掲書(13)、67頁
　　17　同書、248頁
　　18　鎌田實、前掲書(1)、19頁
　　19　鎌田實、前掲書(13)、19頁
　　20　同書、67頁
　　21　鎌田實、前掲書(1)、182頁

いくことであると思われる。つまり、予後を医師が西洋医学にもとづいて診断することとおなじウエイトで、今からの生命のプロセスを、利用者が物語として自らの価値観で再構成していくことが重視されているのである。そのためには、支援する側には、寄り添うことや受けとめることがたいせつになる。利用者には、病気から逃げないで、ていねいに生きることが期待される。このような協働と役割分担が、この病院の医療を支えていると考えられる。

(2) 支援者

表6-7は、前項と同様に、「支援者」に関する技術の対応関係を示したものである。

まず、「支援者の枠組みにもとづいた情報収集とアセスメント」についてみていきたい。

「攻める医療」では、西洋医学の枠組みにしたがって検査をし、客観的なデータ（事実）にもとづいて論理的に診断が導きだされる。そして、その診断にもとづいて最適な治療方法を選択することで、病気を治すことが目的になる。他方、「支える医療」においては、利用者の生活全体（生活コスモス）に関心が寄せられ、客観的な事実ではなく、「他者への想像力」が重視される。これは、利用者の生きている世界（実存的状況あるいは物語）を尊重することであり、支援者もそこにひとりの人間として向きあうのである。そして、この２つの視座は、利用者によるインフォームド・チョイス（生命の選択）という行為（臨床の知におけるパフォーマンス）によってつながっていくと考えられるのである。

また、「ほろ酔い勉強会」は、医療従事者の「想い」と地域住民の「受けとめ方」のあいだにあるずれを埋めていく作業であり、このような下地があってはじめて、利用者と支援者の協働というコンテクストが成り立ち、前述したインフォームド・チョイスが利用者の主体性・責任性に根ざして機能していくと考えられる。

表6-7　エコシステム構想の技術と諏訪中央病院における技術（支援者）

___支援者（客観的事実）___

・支援者の枠組みにもとづいた情報収集とアセスメント

知識（関心 焦点）	価値（目的）	方法 技法	ー	べてるの家
人と環境	客観的事実の認識	支援ツールの活用 （支援者側の理解）		西洋医療の活用（治す医療）(出典1)
交互関係	実感とのずれの認識	情報の共有		インフォームド・コンセント(出典2) 「治す医療と支える医療」の組みあわせ(出典3)
知識（情報）の欠如 誤解 無関心	現実的な認知とコンタクト	情報の提供 情報の修正 関心の喚起		情報（病状）を正確に伝える(出典4) インフォームド・チョイス （生命の選択）(出典5)
未体験	適応	対処方法の学習		ほろ酔い勉強会(出典6)

・場面展開の技術
　個々のセッションのマネジメント

実際の時間 全体のまとまり	時間管理 場面設定	時間という制限 構造化	ー	（限りある生命　治す医療の限界）(出典7)
現象学的場 「今－ここで」	責任性 （実感にもとづく） （満足と納得）	体験過程スケールの活用 （実感とのコンタクト）		他者への想像力(出典8) 無理しない(出典9)　感動する心(出典10)

　局面展開の技術

インターベンション	フィードフォワード	課題設定（ターゲットとゴール）	ー	情報の提供　インフォームド・チョイス(出典2)
モニタリング	フィードバック（評価）	実感との照合		変化しつつ生きる（病状の変化）(出典11)

出典1　鎌田實『がんばらない』集英社文庫、2003年、82-84頁
　　2　同書、39頁、228頁
　　3　同書、203-206頁、252頁
　　4　同書、46頁
　　5　同書、15-16頁、55-56頁、232-233頁、272頁
　　6　同書、90-95頁
　　7　同書、36頁、203頁
　　8　鎌田實『それでもやっぱりがんばらない』集英社、2005年、19頁
　　9　同書、250頁
　　10　鎌田實『あきらめない』集英社文庫、2006年、44頁
　　11　鎌田實、前掲書（1）、33-34頁、236頁

つぎに、「場面展開の技術」についてみてみたい。

諏訪中央病院は医療機関であり、西洋医学にもとづいた場面展開の技術は存在すると思われる。しかし、本書のテーマであるソーシャルワークにおける場面展開の技術については、直接的には言及されていない。ただ、つぎのようなことはいえるのではないだろうか。

攻める医療においては、刻々と変化する利用者の病状にあわせて、柔軟かつ適切な対応が求められる。しかし、生命にはかぎりがあり、いずれ限界に

Ⅵ　実践事例の検討

直面する。したがって、利用者が「変化しつつ生きる」ことを支えるためには、利用者がこれからどう生きるかという物語を、本人（家族を含む）と支援者（医師を含む医療スタッフ）が共有していく努力が必要になる。これは、実存的視座からの利用者理解だと考えられる。

(3) 支援関係

　表6-8は、「支援関係」に関する技術の対応関係を示したものである。

　まず、「生活コスモスの情報収集とアセスメント」についてみていきたい。

　前述したように、西洋医療のツールを用いることで病状のビジュアル化が可能になり、利用者と支援者のあいだで情報や診断を共有しやすい状況が整備されてきている。それは、利用者が、そのような情報を自分自身の実感と照合させつつ、これからの治療プランを考えていくうえで有用だろう。このことは、「時間的、空間的、内容的に開かれた病院」というスローガンとも呼応していると考えられる。つまり、利用者と支援者が物語を共有できる仕組みがさまざまなレベルで用意されているのである。

　このことは、協働のコンテクストについてもあてはまる。表6-8においては、「協働のコンテクストを創造するための技法」と「協働のコンテクストを妨げる要因への対処」はそれぞれ独立して項目を設けているが、実際には、前者は後者の目的のためにも機能していると考えられるので、本項では、この2つをまとめて考察したい（ソーシャルワーク支援では、後者において利用者の「〈精神的な〉健康性」にかかわる場面もありうるが、前述したように総合病院においては、この側面に焦点をあてるというよりは、「普通の人の普通の思いを支える」ことに重点が置かれていると考えられるからである）。

　前述した「真実を語りあえること」と「ほろ酔い勉強会」は、協働を促進する仕組みとして機能していると考えられる。そこから、患者会やボランティア組織が生まれてきて、そこでは、メンバーそれぞれが助けられる人であると同時に助ける人であるという役割や立場の交換可能な関係性がめばえている。このようにだれもが主体であるような関係性は、協働のコンテクス

表6-8 エコシステム構想の技術と諏訪中央病院における技術（支援関係）

支援関係

・生活コスモスの情報収集とアセスメント

知識（関心 焦点）	価値（目的）	方法 技法	—	諏訪中央病院
人と環境分析	自己理解	支援ツールの活用 （ビジュアル化）	—	西洋医療の活用 (出典1)
交互関係	共生	ストーリーの共有 （分かちあい）	—	時間的、空間的、内容的に 開かれた病院 (出典2) つながり (出典3)

・協働のコンテクストを創造するための技法

複眼的	ずれの確認	理解の比較、照合	—	科学的な根拠 (出典4) 他者への想像力 (出典5) （治す医療と支える医療） 立場による違いの尊重 (出典6)
契約	役割分担	ソリューション・フォーカスト・ アプローチの質問の型	—	真実を語りあえること (出典7) 普通の人の普通の思いを支えて あげられる医療 (出典8) 救命できなかったあとも 感謝しあえる関係 (出典9)
コンテクスト	協働			

・協働のコンテクストを妨げる要因への対処

自己妨害 (実感と向きあわないこと)	気づき 選択 責任性（実存性）	シミュレーション 直面化（していることの確認）	—	不器用だが手ごたえのある生 (出典10) あきらめない 投げださない (出典11)
場面設定	責任性（現実と向きあうこと）	制限	—	真実を語りあえること
学習された無力感	効力感の醸成	拮抗する体験の学習		ユーモア 希望をもつこと したいこと (出典12)
例外 思い込み コンプレックス(個人的) 差別・偏見 (社会的、文化的)	事実と実感に もとづいた気づき 現象学的場 生活コスモスの再編	直面化 (事実の確認と自己の感情) セルフヘルプ・グループ		ほろ酔い勉強会 (出典13) 情報の提供 インフォームド・チョイス (出典14) 自分に正直に生きる (出典15) 迷惑の尊重 (出典16) 生きがい (出典17)

□ の部分は、システム思考と生態学的視座の両方にまたがっていることを示している。

出典1 鎌田實『がんばらない』集英社文庫、2003年、82-84頁
　　2 鎌田實オフィシャル・ホームページ　http://www.kamataminoru.com/local.htm　2006年
　　3 鎌田實、前掲書(1)、25頁
　　4 同書、103頁、252頁
　　5 同書、252頁
　　6 同書、113頁
　　7 同書、43頁、53-54頁
　　8 同書、42頁
　　9 同書、37頁
　 10 同書、277頁
　 11 同書、19頁、154頁
　 12 同書、18頁、54頁
　 13 同書、90-95頁
　 14 同書、15-16頁、55-56頁、232-233頁、272頁
　 15 鎌田實『それでもやっぱりがんばらない』集英社、2005年、248頁
　 16 鎌田實、前掲書(1)、65頁
　 17 同書、79-80頁、211-221頁

トそのものであると考えられる。

5 考察

(1) 支援技術の特徴
　本章で取りあげた2つの実践事例は、共通してみられる支援技術にその特徴がある。ここでは、それらをつぎの3点にまとめておきたい。
①実感との照合
　べてるの家では「そのままでいいと思えること」として、諏訪中央病院では「がんばらない」という表現で、「ありのままの私でいること」が尊重されている。このことは、結果として、まわりの期待（この社会、あるいは医療において主流とされているアイデア）に自分をあわせるのではなく、それらを自分の実感にもとづいて問い返し、生き方を選択できるような支援につながる（表6-4を参照）。したがって、あらかじめ決められたゴールに向かって進むというよりは、「今、どうあるべきか」に関心が向けられる。たとえば、今「生きていることを喜べる」[71]といったことが目標とされるのである。
②コンタクト
　べてるの家では、「自分とつきあう」[72]という表現で、諏訪中央病院の場合は「あきらめない」[73]ということばで、自分自身や環境とのコンタクトが重視されている。前述した実感の尊重は個の絶対化につながるが、コンタクトとは「それぞれの精神の自由を大切に」[74]しながら、どのような関係を結んでいけばよいかを検討することである。これは、換言すれば、個を絶対化しつつ相対化していくプロセスといえ、それぞれの責任性（環境への応答性）が問われるのである。したがって、多義性を尊重しながら（個を相対化しつつ）、ひとつのコンテクストに紡いでいく（紡がれた物語を共有というかたちで再び絶対化していく）ための支援が必要になる。そのことをビジュアル化してみると、図6-1のようになるだろう。

図6-1 絶対化、相対化、再絶対化のプロセス

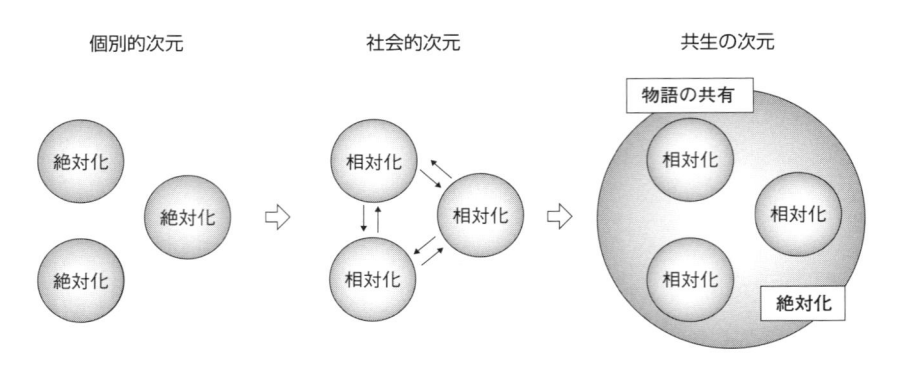

個別的次元／社会的次元／共生の次元

他者とかかわりをもたない場合、それぞれが絶対化されている
他者とかかわりをもつことにより、それぞれが相対化される
それぞれの物語を共有することにより、全体として再び絶対化される

③関係の相互性

　べてるの家、諏訪中央病院のどちらもが、公私混同がタブー視されていない。それは、主客逆転を許容する関係性である。つまり、支援者は客観的であるべきであり、利用者は主観的であるという関係性をよしとせず、両者をおなじ原理にもとづいて考えていこうという志向性をもっていると考えられる。どちらの実践においても、このようなアイデアが、地域活動（地域との協働）のなかから生まれてきている点は興味深い。つまり、専門的知見を独占しないことと、非専門的知見を尊重することのたいせつさが示唆されているのではないだろうか。これは、本書のテーマのひとつである Human Criteria とも通底したアイデアだと考えられる。

(2) 実存的関係性

①実存的な関係性

　鎌田は、ある患者について「ある期間、共に生きた、生きられた、生かされた時間をすごせたことを幸せだと思っている[75]」と述べている。ここでは、（家族も含めた）利用者とある物語を共有することのたいせつさが指摘され

VI 実践事例の検討

ていると考えられる（Ⅴ-5-(2)での議論を参照）。このような実存的な関係性は、人間同士にとどまらない。彼はネイティブ・アメリカンの老人の詩を引用しながら、自然あるいは大いなるものとのつながりや交感について、こう述べる。「自然なのか宇宙なのか神なのかはわからないが、大いなるものの呼びかけにこたえて"yes, today is a very good day to die"としめくくっているように思える」。[76]

一方、べてるの家においては、症状のひとつとされる幻覚を語り、その体験を仲間や支援者たちと共有することによって、新しい関係性が作りだされている。それを分かちあった人たちにとって、それは新しい人間関係のように（あるいは人間関係そのものとして）作用するのである。排除されるのではなく共有されることによって、幻覚そのものも幻覚とのつきあい方も変化して、共存が可能になっていくことが報告されている。[77]

これら2つは、ⅣでのべたQOLの7段階でいえばレベルⅥにあたることがらである。このことをまとめてみると、表6-9のようになる。

表6-9　QOLと2つの実践事例における技術

QOLのレベル		べてるの家	諏訪中央病院
Ⅴ	限界への問い	弱さのadvantage	人間的な弱さや脆さをいとおしむ感性
Ⅵ	（人間関係） （人間を超えるもの）	物語の共有 幻覚との交流	物語の共有 大いなるもの（神, 自然, 宇宙など）との交感

こうしてみると、レベルⅤにおける限界のなかでの価値変革や図地反転と、レベルⅥにおける実存的な人間関係、大いなるもの、幻覚などとの交感とは、相補的な関係になっていることがわかる。つまり、レベルⅥの実存的な関係性が、レベルⅤにおける価値変革の条件のひとつになっていると考えることもできるのではないだろうか。

これらは、人が生きるうえできわめてたいせつなものであるにもかかわらず、ソーシャルワークの技術論においてほとんど言及されることがないし、非科学的という理由で関心すら向けられない場合がある点を指摘しておきたい。

②非専門的援助

　べてるの家と諏訪中央病院では、体験を語ることが、語る人にとっても、聞く人にとっても援助になるというアイデアが述べられていた。これは、ガートナーとリースマン（Gartner, A. and Riessman, F.）がセルフヘルプ・グループにおける援助の特徴のひとつとしてあげた「ヘルパーセラピー原則[78]」とおなじものである。

　援助の受け手が、だれかを援助することができるという主客の交換可能性（あるいは公私混同）は、その人のセルフ・エスティームを高めるだろう。「誇りは人間が生きていくとき、とても大切なもの[79]」であり、「人の役に立つこと[80]」がその契機となることは、ごく一般的なことである。

　また、鎌田は、認知症の実母を看ていた田中まさ子の例をあげて、混乱して疲れきり、あきらめ、すべてを投げだそうと思ったとき、早川一光に会い、「肩を抱かれ、ひと言『よくがんばったね』」といわれた。このひと言が彼女を絶望から救い出してくれた[81]」というエピソードを紹介している。人間は、このようなたったひと言、あるいはほんのひとつのしぐさ（肩をポンと叩かれる、にこっとほほえまれる、など）で救われることがある。このような「わかってもらえた」という体験は、おなじ病気や課題を抱えた仲間のあいだでは起こる可能性が高いと思われる。

　これらのことから、実存的関係性と非専門的援助とは親和性が高いと考えられる。また、利用者のエンパワメントにとって、きわめて重要なことがらだといえるだろう。

③責任性

　べてるの家の当事者研究における「どうすれば病気や困った状況になれるか[82]」という視点は、ゲシュタルト療法の自己妨害の概念に近く、諏訪中央病院における「寄り添う」ことは、ロジャーズの来談者中心療法に相通じるものがある。必ずしもゲシュタルト療法や来談者中心療法にこだわる必要はないと思われるが、実存的・現象学的なオリエンテーションの心理療法の技術を援用することは、利用者中心の技術という命題にとって大きな意義をも

つと考えられる。実存的・現象学的視座から、それぞれの技術をみてみると、幻覚との共存（べてるの家）や、あきらめない、希望をもつ（諏訪中央病院）というキーワードがみつかる。それらは、西洋科学の知を相対化し、それとは別の判断基準によって生きることであり、それらの心理療法がもとづいている人間観とおなじだからである。

そのような生き方をするためには、「問う」という営み[83]が重要である。べてるの家の医師である川村敏明は、「精神病の人は、自分を自分で助ける方法を身につけられる[84]」と述べ、「精神病の人たちはどう生きられるかという[85]」研究を評価している。自分の体験や感受性を、なんらかのかたちで対自化し、相対化したうえで、はじめて主体的な選択が可能になるからである。このような選択は、Ⅳで述べたように「自らの感受性に応答する」という意味で、自分の生き方に責任をもつということである。

つぎに、これをどのように体系化していくのかということについて考察する。

前述した「公私混同」のアイデアをあてはめれば、「まわりがどう寄り添うか」ということと、利用者自身が「生かされている命にどう寄り添うか」ということとはおなじ原理にもとづいているといえる。べてるの家の医師である川村は、医師には「相手を治すのではなくて、自分を支える技術、自分の役割をみいだすこと[86]」がたいせつであると述べる。そして、自分が何を感じているのかが利用者にも自然に伝わること（正体不明の人にならないこと）の重要性を示唆している[87]。

その意味で、協働のコンテクストを創造していくためには、利用者、支援者ともに責任性がキーワードになり、表2-7として提示した利用者の主体性・責任性は、支援者にも求められなければならない。客観性や専門的知識の重要性を否定しないが、支援者自身が、Human Criteria にもとづいて生きていることが、専門的な価値や支援の基礎になっている点を指摘しておきたい。

(3)「医療」と「科学」

　べてるの家の川村は、「精神病に限らず、病気にはある意味で人間が抱えている、人間としての弱さなりから生まれてくる、とても大切な『安全装置』みたいな意味をもった部分があります。そんなものまでなくしてしまうような技術というのは、少し行きすぎているのではないか。『病気になってはいけない』という、否定的なとらえ方にもとづいた治療方法は、人間の存在を妙なかたちでコントロールするものになるのではないかと思います」[88]と述べている。

　諏訪中央病院の鎌田は、「医学という科学の場で、サイエンスを大切にしながらも、サイエンスだけで終わらない奉仕の心や、祈りの心を失わない」[89]ことの重要性を指摘している。

　この2人にⅢで引用した米山公啓を加えれば、少なくとも3人の医師が実存的視座やHuman Criteriaの意義を示唆している事実があるので、医療と臨床の知はかならずしも相反するものではなく、両立しうると考えた方が自然だろう。しかし、他方で、Ⅲでみてきたように、わが国のソーシャルワークにおいては、科学化の名のもとに医療化と臨床の知の排除が軌を一にして進行していると考えられる。もし、そうだとすれば、その場合の「科学」とは、あるいは「医療」とは何なのかが問われなければならない。おそらく、そこでいう医療とは、医療サービス産業（マーケティング）におけるそれであり、科学とは、固定的・一面的・構造的（普遍的・論理的・客観的）な対象理解のことだと思われる。したがって、関係性・状況・認知といった主観性（主体性と責任性）を重視する実存性にかかわる技術を「科学的」でないものとして等閑視し、それに換わるものとして接遇の態度に関心が向けられてきたとも考えられる。これは、ソーシャルワークの存亡にかかわるきわめて深刻な事態だというべきである。

Ⅵ　実践事例の検討

【注】
(1) 浦河べてるの家『べてるの家の「非」援助論　そのままでいいと思えるための25章』医学書院、2002年、188-196頁。
(2) 明確な定義はなされていないが、同書182-184頁には、メンバーの抱えた「もろさ」はまったく改善されていないが、そのことが助けあいを生み、多くの仲間の参加を促している現実があること、必要以上の規制はしない（日々の暮らしのなかに、苦労や不安との対立が起きやすい環境を作っていく）こと、うまくいかないから意味がある（病気の体験や弱さそのものが、仲間を励まし力づける可能性をもったものとして取り扱われる）ことなどが、その特徴として述べられている。
(3) 同書、210-216頁。
(4) 同書、204頁。
(5) 同書、182頁。
(6) 同書、92頁。
(7) 同書、47-54頁。
(8) 同書、59頁。
(9) 同書、190-191頁。
(10) 同書、137-161頁。
(11) 同書、42-46頁。
(12) 同書、52-53頁。
(13) 同書、45-46頁。
(14) 同書、205頁。
(15) 浦河べてるの家『べてるの家の「当事者研究」』医学書院、2005年、12頁。
(16) 同書、292-293頁。
(17) 同書、4頁。
(18) 浦河べてるの家、前掲書(1)、45-46頁。
(19) 同書、46頁。
(20) 同書、166頁。
(21) 同書、79-80頁。
(22) 同書、79-85頁。
(23) 同書、83-84頁。
(24) 浦河べてるの家、前掲書(15)、271頁。
(25) 同書、271頁。
(26) ガートナー・A、リースマン・F『セルフ・ヘルプ・グループの理論と実際　人間としての自立と連帯へのアプローチ』久保紘章監訳、川島書店、1985年、126-127頁を参照。
(27) 鎌田實『がんばらない』集英社文庫、、2003年、154頁。
(28) 同書、70-95頁を参照。
(29) 鎌田實オフィシャル・ホームページ　http://www.kamataminoru.com/local.htm　2006年
(30) 鎌田實『それでもやっぱりがんばらない』集英社、2005年、43頁。

(31) 同書、67頁。
(32) 鎌田實、前掲書(27)、182頁。
(33) 同書、19頁。
(34) 同書、252頁。
(35) 同書、28-29頁。
(36) 同書、34頁。
(37) 同書、42頁。
(38) 同書、56頁。
(39) 鎌田實、前掲ホームページ。
(40) 鎌田實、前掲書(27)、267頁。
(41) 同書、164頁。
(42) 同書、37頁。
(43) 同書、213-214頁。
(44) 同書、292頁。
(45) 同書、32頁、67頁などを参照。
(46) 鎌田實、前掲ホームページ。
(47) 鎌田實、前掲書(27)、76頁。
(48) 同書、90-95頁。
(49) 同書、79-80頁。
(50) 同書、80頁。
(51) 同書、103頁。
(52) 同書、79頁。
(53) 同書、220-221頁。
(54) 同書、221頁。
(55) 鎌田實、前掲書(30)、43頁。
(56) 同書、248頁。
(57) 同書、19頁。
(58) 鎌田實、前掲書(27)、276-277頁。
(59) 同書、53-54頁。
(60) 同書、46頁。
(61) 同書、7頁。
(62) 同書、113頁。
(63) 同書、153頁。
(64) 鎌田實『病院なんか嫌いだ 「良医」にめぐりあうための10箇条』集英社、2003年、13頁には、「二十一世紀の医療は、病気との戦いに勝ちにいく『攻める医療』を中心にしながら、患者さんの心も含めた全体を大切にする『支える医療』との調和ももとめられている」と述べられている。
(65) 鎌田實、前掲書(27)、225頁。
(66) 同書、36-37頁。
(67) 同書、119頁。

Ⅵ　実践事例の検討

（68）同書、277頁。
（69）たとえば、同書211-221頁を参照。
（70）藤本真知子「生きていいんだ」朝日新聞、2002/1/14
（71）鎌田實、前掲書（27）、213頁。
（72）浦河べてるの家、前掲書（1）、204頁。
（73）鎌田實『あきらめない』集英社文庫、2006年、24頁。
（74）鎌田實、前掲書（27）、187頁。
（75）同書、37頁。
（76）同書、277頁。
（77）浦河べてるの家、前掲書（1）、98-104頁。
（78）ガートナー・A、リースマン・F、前掲書（26）、117-127頁。
（79）鎌田實、前掲書（27）、181頁。
（80）同書、181頁。
（81）同書、204頁。
（82）浦河べてるの家、前掲書（15）、12頁。
（83）同書、3頁。
（84）同書、266頁。
（85）同書、266頁。
（86）同書、270頁。
（87）同書、268頁。
（88）同書、263頁。
（89）鎌田實、前掲書（27）、252頁。

Ⅶ 利用者の実存性を尊重した技術論の課題と展望

1 ソーシャルワークの支援技術における課題

　本書のまとめとして、まず本節と次節で、これまで述べてきたことを要約して振り返っておきたい。

(1) 序論（ソーシャルワークの混迷と課題）
①ソーシャルワーク研究・実践における課題
　まず、Ⅰでは、本書のテーマをめぐる問題の所在と、研究の前提および目的について述べた。図7-1は、問題の所在を図にしたものである。
　この図の左側は、ソフト福祉としてのソーシャルワーク研究・実践が、その歴史においては病理モデルからライフモデルへと展開し、価値・知識・方法を統合し実践していく能力として技術が理解されてきたことを示している。そして、技術における課題を、(a)実存的視座の不在、(b)利用者理解と支援方法の不整合、(c)ブリコラージュ的な技術理解の3つにまとめてみた。
②わが国におけるハード福祉の整備にともなう課題
　図7-1の右側は、1990年代以降のわが国におけるハード福祉の整備と、それにともなうソーシャルワーク理解、養成教育、実践の変質を示したものである。そこから、その特徴が制度の効率的な運用をめざした実践方法の展開にあり、技術が実践への心構えや姿勢として皮相的にしか理解されていない現状を指摘してきた。

図7-1　本書のテーマをめぐる問題の所在

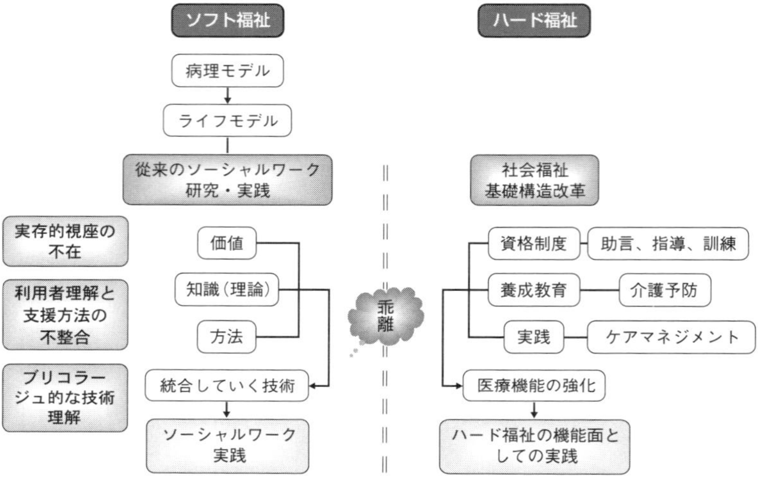

③前提とする理論と方法

　図7-2は、これらの課題を考察するにあたり、前提とする理論と方法をフローチャートにしたものである。

　太田義弘が提唱するエコシステム構想は、ソフト福祉の立場からハード福祉を包括・統合化するために構築された支援科学の方法論としてのジェネラル・ソーシャルワーク（図1-1および図1-2を参照）にもとづいて、前述した知識（理論）と実践の乖離をブリッジしようとするアイデアである。その核心は、システム思考と生態学的視座の両面から、利用者と支援者とが協働して、利用者の生活コスモスについての理解を共有し、課題解決に向けたプランニングを行おうとするところにある。それを、(a)中村雄二郎の西洋科学の知と臨床の知、および実存性あるいは実感の指標として(b)ジェンドリンの体験過程概念と「体験過程スケール」を援用しつつ、エコシステム構想における支援技術を体系化することを本書の目的とした。

Ⅶ　利用者の実存性を尊重した技術論の課題と展望

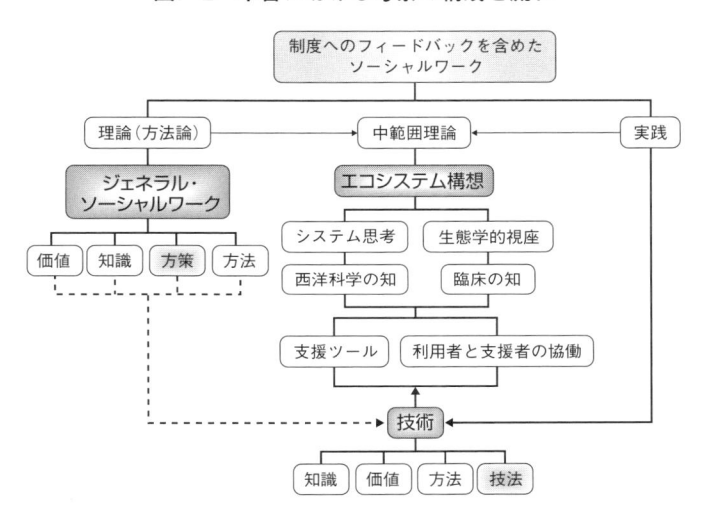

図7-2　本書における考察の構成と流れ

```
                制度へのフィードバックを含めた
                      ソーシャルワーク
         ┌──────────────┼──────────────┐
    理論（方法論）　　　　　中範囲理論　　　　　　実践
         │                    │
   ジェネラル・           エコシステム構想
   ソーシャルワーク            │
         │            ┌─────┴─────┐
    ┌──┬──┬──┐     システム思考　生態学的視座
   価値 知識 方策 方法    │
                        西洋科学の知　臨床の知
                              │
                     ┌────────┴────────┐
                    支援ツール　利用者と支援者の協働
                              │
                             技術
                              │
                    ┌──┬──┬──┐
                   知識 価値 方法 技法
```

(2) 総論（価値に根ざした科学的な支援技術）

①価値の技法化

Ⅱは総論にあたる部分である。技術の定義を概観することで、ソーシャルワークの技術は、ニュートラルな（利用者中心にも支援者中心にも活用することが可能な）技法を、ソーシャルワークの価値に照らして「利用者中心のものとして」使いこなしていく属人的な「熟練」として理解されていることをみてきた。そこから、支援技術を科学化するためには、そのようなブリコラージュ的なものではなく、ごくふつうに用いるだけで利用者と支援者の協働というコンテクストが作られていくような技法群を提示する必要があることが示唆された。そのため、たとえば、ソリューション・フォーカスト・アプローチの質問の型などを援用することが有用であることを考察してきた。

②実感の確かさ

また、ソーシャルワークの価値は、その多くが臨床の知として分類されることから、ソーシャルワークの支援科学としての特性は、臨床の知による西洋科学の知の相対化にあることを指摘し、その確かさの基準として「体験過

程スケール」が役立つことを考察した。価値と矛盾しない実践とは、臨床の知に立脚したものでなければならないと考えられるからである。ここから、生活体験を実感に変えていく技術が必要であることを指摘してきた。

③技術の体系化

利用者の生きている世界、あるいは支援の場は、システム思考（科学的思考）によって「構造－機能」としてとらえられる客観的現実と、生態学的視座によって理解される利用者の実存状況である生活コスモスというまったく異なった2つの世界（コスモス）または原理から構成されている。支援概念の特徴は、このような2つの世界の存在をあらかじめ前提としたうえで、支援のプロセスのなかで利用者と支援者が協働して、どちらの原理をも満足させるようなまとまりのある全体（ゲシュタルト）を作りあげていこうとするところにあると考えられる。

したがって、本書においては、エコシステム構想を理論的な前提として、上記の2つに、「応答の型」と「局面における技法の選択基準」の2つを加えて、技術を体系的にまとめてみた（図2－3を参照）。

(3) 背景（ライフモデルと社会福祉基礎構造改革）

①北米のソーシャルワーク

Ⅲでは、総論で課題とされたことがなぜ起こってきたのかという背景について考察した。

まず、北米のソーシャルワークの歴史を概観し、主流とされてきたモデル、アプローチには実存的視座が欠落していること、チャレンジング・アプローチとして分類したものには、利用者の能力そのものへの関心ではない、実存的視座と認知をキーワードとする新しい利用者理解を可能にするような視座が含まれていることを指摘した（表3－2、図3－2を参照）。それらをふまえて、システム思考と生態学的視座の統合を可能にするようなソーシャルワーク理論の必要性を考察してきた。

② わが国のソーシャルワーク

　わが国の場合には、社会福祉基礎改革以降、社会福祉士、精神保健福祉士、介護支援専門員などの資格制度の制定にともなって、厚生労働省による養成教育の管理がはじまり、指導要領とそれまでのソーシャルワークの知識（理論）とのあいだに離齬がみられるようになった。さらに、医療・保健・福祉の連携というスローガンのもとに、制度にひきずられるかたちでソーシャルワークの価値そのものが一面的な健康志向のものに変質し、「新しい医学モデル」といえるようなソーシャルワークの医療化が進行し、実践と理論の乖離も深刻になっていることを指摘してきた。

③ 本書における課題

　このような背景を考察することによって、ソーシャルワークが制度の機能面にすぎない社会福祉援助にすりかわっていく様を概観してきた。そこから、本書においては、ジェネラル・ソーシャルワークとエコシステム構想を理論的枠組みとして採用することによって、本来のソーシャルワークに固有な支援技術を構想することが課題とされなければならないことを考察してきた（図7-2を参照）。

2　エコシステム構想における支援技術とその展開

(1) 課題（エコシステム構想と Human Criteria）

① 実存性にかかわる技術の特徴

　Ⅳでは、本書の課題について述べた。

　エコシステム構想は、システム思考にもとづいて分析された情報を実感と照合するという現象学的アプローチと、利用者の体験過程や現実とのコンタクトの方法を選択する過程を促進するという実存的アプローチを組みあわせることによって、協働して環境に働きかけていくための枠組みとして理解できる。とくに、本書においては、(a)実存的内容を西洋科学の流儀にしたがって「分析－解釈」するのではなく、現象学的に「比較－照合」しつつ実感を

形成したのち、対処のための戦略としてはじめて「分析」という手法が役立ちうること、(b)しかしその際の基準としては Human Criteria がより重視されるべきであること、(c)そしてそれが利用者のエンパワメントにつながること、の3つにウエイトを置いて考察してきた。

② Human Criteria

　実感をたいせつにすること（個の絶対化）は、既存の価値や環境の相対化でもあり、そこに新しい価値が作りだされる。そのことによって、支援過程は必然的にフィードバックの過程として展開されることになる。Human Criteria とは、(a)利用者が自分自身の実存的価値を信頼して生活できるようになること（自己実現）と、(b)自分の実感と環境とに適切なコンタクトをもち、それらに責任のある応答ができること（社会的自律性）の2つをめざした個別的な価値理解（基準）のことであり、利用者中心の支援にとって欠くことのできないものであることを論じてきた。

③「能力」の理解

　さらに、能力を、構造的・固定的なものではなく、実存性（認知、関係性、状況）によって変化していくものとして理解することによって、弱さや欠点など、従来否定的にとらえられてきた特性が advantage になるような条件についても考察した。この点については、後述するチャレンジング・アプローチのところ（第4節）で、さらに詳しく述べることにしたい。

(2) 展開と裏づけ（支援科学としての具体的な技術と実践事例検討）

① エコシステム構想における支援技術の体系化

　以上の議論をふまえて、その展開として、Ⅴでは、エコシステム構想における支援技術を、利用者、支援者、支援関係それぞれについて体系化し、それぞれの項目について具体的な技法を提示してみた（表5-4、表5-7、表5-8を参照）。これらは、利用者の状況と目的に照らした技法の選択基準を示すものにもなっていると考えられる。

Ⅶ　利用者の実存性を尊重した技術論の課題と展望

②実践事例の検討

　Ⅵでは、このようにまとめた技術が、単なる机上の空論ではなく、実践的で有用なものであることを示すために、べてるの家と諏訪中央病院における実践事例の演繹的な分析を試みた。具体的には、Ⅴでまとめた技術体系に、それぞれの実践で用いられている技術を対応させるという方法で考察した。そこから、2つの実践事例に共通する支援技術の特徴として、(a)実感との照合、(b)コンタクト、(c)関係の相互性の3つが明らかになってきた。

③実践事例からの考察

　これらをふまえて考察されたことは以下の3点である。

(a) 実存的な関係性

　弱さの advantage（べてるの家）や人間的な弱さや脆さをいとおしむ感性（諏訪中央病院）

(b) 非専門的援助

　相互的な関係性の重視（客観的で一方的な援助関係は普遍的なものではない）

(c) 責任性

　支援関係において、利用者に「まわりがどう寄り添うか」ということと、利用者自身が「生かされている命にどう寄り添うか」ということとはおなじ原理にもとづいていること

　以上のことから、Ⅴでまとめた技術は、2つの実践事例から具体的に裏づけることができると同時に、価値の問い返しのための指標としての意義ももっていると考えられる。これらを尊重した技術を活用することによって、ソーシャルワークは真の意味で利用者の自己実現と社会的自律性を支援するものとなりうるのではないだろうか。

(3) 残された課題
①本研究の成果
　本研究によって得られた知見から、つぎの3点が期待できると考えられる。
　(a)支援技術の体系的理解の促進（同じ原理にもとづいた支援と学習の理解）
　(b)技法の意識的（専門的）活用の促進
　(c) Human Criteria による生活コスモスの意味づけとエンパワメント
②今後の課題
　その一方で課題も残されている。それらを整理すると以下の3点があげられる。
　(a)実際に行われている実践の検討による裏づけにとどまらず、本書の技術を活用した事例検討と、それにもとづいた技術の吟味が今後必要なこと
　(b)今回はミクロ・レベルの対人支援技術を中心に考察したため、マクロ・レベルの支援技術の体系化には課題を残していること
　(c)記録など、「業務としての技術」として分類されたものの学習方法が開発されなければならないこと
③展望
　本書では、エコシステム構想にもとづいて、既存の「実践支援ツール」と「体験過程スケール」という2つのツールを用いて、利用者の実存性に迫り、協働のコンテクストを創造するための科学的な支援技術について考察してきた。その成果をふまえて、従来ブリコラージュ的にしか扱われてこなかったソーシャルワークの技術をビジュアル化し、支援者の自己理解と技術の研鑽に役立てるためのツールを、エコシステム構想における第三のツールとして開発することが今後の展望として考えられる。

3　技術研究の課題

　ここからは、わが国における現行のソーシャルワーク論の課題を論じ、それらをふまえたうえで、実存性とエビデンスのどちらも犠牲にしないような

Ⅶ　利用者の実存性を尊重した技術論の課題と展望

技術論の今後を展望してみたい。

(1) 実存性への知識（ニーズ）
①マズローの欲求階層論

　現行の社会福祉援助技術論では、マズローの欲求階層論を根拠として、「利用者のニーズを引き出す」とか「自己実現のための援助」といったことが論じられる場合が少なくない。[(1)]

　しかし、実際の生活においては、図7-3に示したように、欲求階層の順序とは逆の欲求を優先させることがありうる。つまり、低次の欲求が満たされてはじめて高次の欲求が生じるというのは、すべての状況や関係性において妥当するとはかぎらない。また、マズローが前提条件としている「言論の自由、他人に危害を加えない限りしたいことをする自由、自己表現の自由、調べ情報を収集する自由、自己防衛の自由、正義、公正、正直、グループ内の規則正しさなど」[(2)]の内容を考慮すれば、ユートピアすぎるという倉戸ヨシヤの批判[(3)]の方に妥当性があると考えられる。したがって、このような構造的・固定的なニーズ理解では、人間の実存性に迫ることは困難だとはいえな

図7-3　マズローの欲求階層論の再検討

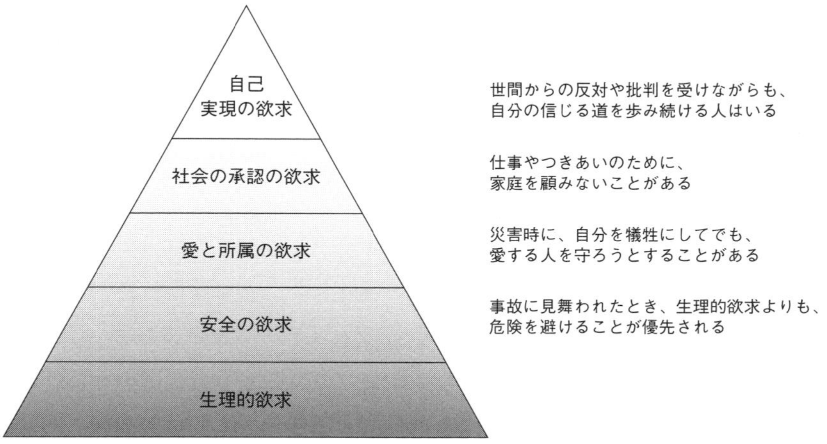

自己実現の欲求 — 世間からの反対や批判を受けながらも、自分の信じる道を歩み続ける人はいる

社会の承認の欲求 — 仕事やつきあいのために、家庭を顧みないことがある

愛と所属の欲求 — 災害時に、自分を犠牲にしてでも、愛する人を守ろうとすることがある

安全の欲求 — 事故に見舞われたとき、生理的欲求よりも、危険を避けることが優先される

生理的欲求

いだろうか。

②構造的・固定的なニーズ論と制度の機能面としての社会福祉援助

それにもかかわらず、主要な社会福祉援助技術論の教科書にこれが引用されているのは、制度とのマッチングを考えた場合、構造的・固定的にニーズをとらえた方が、便利だからだとも考えられる。状況や関係性によって可変的なものとしてニーズを理解すれば、それらをふまえて制度を作るのは至難の業だろうからである。

このようなニーズ論は、以下に述べる価値や技法も含めて、前述したような制度の機能面としての社会福祉援助技術という枠組みから再構成されてきている。しかし、ソーシャルワークとは利用者の主体性や責任性にもとづいた支援技術であり、自己実現もニーズとしてではなく、主体性や責任性をともなったプロセスとして理解されるべきではないだろうか。

③支援局面と社会的自律性

ソーシャルワークにおけるエンゲージメント、アセスメント、プランニングという一連のプロセスは、課題解決を焦点として、利用者が自らの体験を実感へとシフトさせていくなかで、潜在的（latent）なコンピテンスに気づき、それらにもとづいて生活をオーガナイズし、福祉サービスの活用やマネジメントを通して、自らの生活をコントロールしていくことを支援していく局面である（図5-5を参照）。

つまり、プランニングという協働作業を通して利用者はセルフ・サポートの能力を獲得していくと考えられるのである。支援がうまくいっていれば、利用者は、つぎのインターベンションの局面でも、支援方法のレパートリーを自分でコーディネートし、サービスをモニタリングしながら自らの生活をマネジメントしていると感じることができるだろう。また、セルフ・サポートを通して、自分があるべき姿に近づいているという実感がもてれば、利用者は、人生という変化のプロセスのなかでいきいきと生きていく（これが私の人生なんだと実感する）ことができるはずである。

状況に翻弄される生活から、向き直ること、すなわち自らの状況に対する

Ⅶ　利用者の実存性を尊重した技術論の課題と展望

コントロール（社会的自律性）を取りもどすことこそがエンパワメントの核心であり、自己実現の基礎となるものだと考えられる。

(2) 価値の技法化（態度）
①価値・技術の制度化

　前述した自己実現のアイデアは、ロジャーズやその後継者であるジェンドリンのパーソナリティ理論をもとにしたものであり、バイステックの原則とおなじルーツをもつと考えられるものである。

　しかし、ソーシャルワークの技術について論じる際、バイステックの原則そのものはよく取りあげられるが、筆者の知るかぎり、その実存的・現象学的な背景にまで言及したものは少ないと思われる。このことは、技術や原則の目的が意識されていないことを意味しているとはいえないだろうか。このことから、具体的には、たとえばⅢにおいて図3-4として示したように、援助者が情報を解釈しそれをもとにアセスメントする際、受容や共感的態度といった援助技術が「円滑な人間関係形成を図るための方法[(4)]」として用いられる危険性があると考えられるのである。

　このような援助においては、「人権尊重、権利擁護、自立支援等の観点[(5)]」も、価値ではなく、利用者が選択や同意をしやすい環境を整備するという意味しかもたなくなってしまう。すなわち、制度化が価値や技術にまで及んでいる現状を指摘しておかなければならない（図3-3、表3-6を参照）。

②具体的な技法の必要性

　ソーシャルワークを学んだ者にとって、具体的な技法の背後にパーソナリティ理論や実存的なフィロソフィーが存在していることは当然であり、その点について議論の余地はない。

　しかし、これまで繰り返し述べてきたように、わが国におけるソーシャルワークの価値は、社会福祉基礎構造改革という流れのなかで、単なる理念や制度として形骸化されつつある。抽象度の高いフィロソフィーに期待するには、事態は深刻すぎると考えられるのである。

したがって、バイステックの原則などに示されている価値を実現するための手だてを、ソーシャルワーカーの態度としてではなく、どのようなアイデアで用いられたとしても利用者中心のオリエンテーションを保ちうるような具体的な技法として示す必要があると考えられる。そうでないと、技術がブラックボックス化され、価値が骨抜きになって、接客のマナーと大差ないものに堕してしまう危険が、わが国においては現実のものとなってきているからである。

③ニーズ中心主義とケアマネジメント

そのような危険は、前述したニーズ中心主義やケアマネジメントとの親和性が高いと考えられる。ニーズを明らかにして、それらにもとづいたプランニングを行い、ニーズを満たすことが自己実現につながるとするアイデアがそれである。

その一例として、たとえば、ケアマネジメントにおける自己実現の視点として社会参加、労働、旅行、理美容サービス、交流活動、文化活動、趣味活動、生涯学習（自己啓発）、情報、コミュニケーションサービスなどが提示される場合がある。(6) このようなニーズ（自己実現）理解に近年の介護予防のアイデアなどが加われば、ケアマネジメントという方法によって人間のニーズが構造的・一面的に理解され、「自己実現」という実存的な衝迫が健康という保健のニーズにすり替えられてしまう危険がさらに助長されるといわざるをえない。

つまり、前述したように、ニーズ中心主義ではなく、体験過程（実感）中心主義の支援こそが、責任性をともなった利用者中心の支援なのだと考えられるのである。

(3) 方法と技法（制度活用）

①ケアマネジメントと非専門的援助の制度化

従来セルフヘルプ・グループをはじめとした非専門的援助は、支援に限界をもつ専門的援助へのオルタナティブな支援として、あるいはそれらを補う

ものとして存在していた。それが、近年「わかりあえる関係」を基礎にした相互支援としてピアカウンセリングを専門的援助に組み入れようとする動きが散見されるようになってきた。⁽⁷⁾実存的視座の欠落した制度の機能面としての援助においては、このようなオリエンテーションは、ともすれば、おなじ障害、おなじ立場の者でなければわかりあえないというアイデアに陥ってしまう危険を孕んでいることに留意しておく必要があると思われる。セルフヘルプ・グループを社会資源ととらえ、その有効利用を考える援助デザインは、制度とニーズのマッチングを重視するケアマネジメントになじみやすいと考えられるからである。このような事態は、本書で展開してきたような、利用者との協働によって価値を問い返すという支援のアイデアや技術理解によって克服することができると考えられる。

② 当事者への駆り立て

わが国におけるケアマネジメントは、介護保険制度や障害者自立支援法が想定している利用者像あるいは支援イメージに合致するような援助やサービスしか提供できないため、積極的に社会参加する自立した利用者、残存能力を活用してチャレンジし続ける利用者が求められ、それらの価値にあわないものは、専門的援助の対象とはなりにくいと考えられる。

しかも、このような援助デザインは、セルフヘルプ・グループが本来もっていたはずの専門的援助に対する相補的な援助機能を相殺し、当事者にとっては、生きがいをもたなければならない、セルフヘルプ・グループの活動をしなければならないなどと、逆に画一的な生き方への駆り立てとして作用する場合も見受けられる。

③ Human Criteria

専門的支援者が利用者の実存状況を理解するためには、このような非専門的援助として専門的援助から締めだされた価値や生き方を理解することが、今とくに必要になっていると考えられる。本研究における Human Criteria は、このような非専門的援助の価値を再評価する契機にもなると考えられる。利用者の生活コスモスという発想にもとづいた技術研究によって、このような

専門的援助の状況を打破するための視座を提供できるのではないかと考えている。

まとめてみると、わが国の社会福祉サービスや社会福祉援助技術は、ともに実存的視座を欠落させたまま体系化されようとしていると考えられる。ソーシャルワークを、エコシステム視座と、知識、価値、方法、技法という技術の4つの構成要素から問い直していく作業とともに、利用者の実存状況から発想するための技術を明らかにする必要を強く感じるところである。

4 チャレンジング・アプローチの意義と展望

(1) ナラティブ・アプローチ
①物語の共有

本節では、前節での議論を受けて、ソーシャルワークにおけるチャレンジング・アプローチの意義について考察してみたい。

ナラティブ・アプローチにおいて「物語」は利用者が紡ぐものであるが、その内容は、だれに語られたのかによって変わってくる。また、Ⅴで述べたように、ある人とのある場面（状況）における関係性のなかで立ち現れてくる「自分」を自分だと考えれば、利用者と支援者は、「私」と「あなた」を相互に共有しあっているといえる（図7-4を参照）。

つまり、支援者は、利用者とのあいだで、どのような利用者の物語を共有しようとするのかが問われなければならない。ナラティブ・アプローチの立場からは、利用者と支援者の協働には、利用者の物語（利用者の自己理解）を共有するという側面がある点を指摘できるだろう。それは、ソーシャルワークの目的である「共生社会」のあり方を示唆するものでもあると思われる。

ナラティブ・アプローチは、このような支援関係における協働（参加と共有）の理解を可能にするアプローチとして重要であると考えられる。

Ⅶ　利用者の実存性を尊重した技術論の課題と展望

図7-4　支援場面における参加と共有（利用者と支援者）

②ニーズ理解

　たとえば、精神分析のようにパーソナリティを「構造」として把握すれば、意識から否認されている情動体験は本人がそれに気づいていようと気づいていまいと、形としては存在していることになる。しかし、ジェンドリンによれば、それらは意味として「未形成」なので、ことばにすることによって形になり、意味を形成していく。

　この説をとれば、ニーズのアセスメント過程そのものが前述した「利用者の物語を共有していく」ために協力しあうプロセスだということになる。このような実存状況のアセスメントがそのまま利用者への支援やエンパワメントになるような技術は、ナラティブ・アプローチの「語り」という特性から説明が可能になると考えられる。

③価値の問い返し

　ナラティブ・アプローチにおけるドミナント・ストーリーとオルタナティブ・ストーリーという対概念は、本書の主要なテーマのひとつである価値の

問い返しというアイデアと相通じるものである。このようなナラティブ・アプローチの認知の方法は、Human Criteria を尊重して協働しようとするエコシステム構想にとって、あるいは後述するエンパワメント・アプローチにとって、重要な視座を提供するものとして評価したい。

(2) エンパワメント・アプローチ
①実存的な「能力」理解
　前述したように、能力とは固定的、構造的なものではない。あるいは、能力の有無が必ずしも重要であるとはかぎらない。「下手の横好き」ということばがあるように、私たちは能力がなくても楽しむことができるからである。それとは逆に、能力があることで苦しむこともある。たとえば、ルナール(8)やサリエリ(9)などがそうだったと考えられる。

　つまり、私たちが、ある特性について、その二面性や多義性を理解したうえで、どう認知し意味づけるかが重要なのである。そのような「意味を選択する能力」こそがストレングスとして理解されるべきであり、そのための技術が問われなければならないのではないだろうか。

②プロセスの重視
　アセスメントを重視しニーズを充足させる方向性よりも、利用者と支援者が協働で意味を生成していくような支援過程そのものが重視されなければならないことは前に述べた。それは、そのままエンパワメントの過程にもなっていることを理解しておく必要があるだろう。エンパワメント・アプローチが、能力そのものではなく、能力の認知（効力感）にかかわるというオリエンテーションは、後述する行動アプローチとともに、利用者中心の支援にとって欠くことのできないアイデアである点を改めて指摘しておきたい。

③エンカレッジ（encourage）の必要性
　また、私たちは、ほんのひと言や、肩をぽんと叩かれるといったことによってすら、ほんとうにはげまされることがある。つまり、エンパワメントだけではなく、encourage（勇気づけること）も必要なのである。「アセスメ

ントによってわかる」という意味ではなく、「わかってもらえている」という想いが、私たちの人生を支えてくれることがあることを忘れてはならないだろう。現行のソーシャルワーク理論は、利用者を「理解（アセスメント）」しようとするあまり、このようなごくふつうの人間関係の機微を等閑視しているように思えてならない。エンパワメント・アプローチによって、このような点からも現行の社会福祉援助にチャレンジできる視座を獲得できると考えられる。

(3) 行動アプローチ
①実存性と実証性

　西洋科学の知からみると、実証と実存とは相反するもののように考えられがちである。客観性とは、だれにとっても等しく妥当することであり、主観性の排除として理解されてきたからである。

　しかし、実存的・現象学的心理療法に分類されるゲシュタルト療法においては「観察」にもとづく現実と本人の実感の両方に「コンタクト」していくことが therapeutic invitation（治療的な招き）として重視されている。またフォーカシングにおいても「からだの感じ」という具体性・現実性をもった感覚とかかわっていくことが奨励される。実存的・現象学的アプローチにおいて、具体性（実証可能性）は重要な柱のひとつとして位置づけられているのである。

②行動アプローチにおける自己実現への視座

　行動アプローチにおいては、実存性はどのように理解されているのだろうか。波多野誼余夫・稲垣佳世子は、効力感の十分条件として「努力の主体、つまり行動をはじめ、それをコントロールしたのは、ほかならぬこの自分であるという感覚－自律性の感覚[10]」の存在を指摘している。そして、「一般に事物に働きかけ、他者と交流しつつ人生を送っていく過程で、人々は自分自身の存在の意味についての問いを発し、そしてそれに答えていくと考えられる[11]」として、(a)創造、(b)愛、(c)自己統合という3つの実存的欲求から、自

己実現をつぎのようにまとめている。
　(a)創造により自分を価値ある存在として確認しうる根拠は、結局のところ、自分なりのものを作りあげているという満足感である。
　(b)愛による自己実現とは、最も広い意味では、他者との暖かい交流、人の役に立ちうるという満足感にもとづくものであろうから、自分の熟達が他の人々にとってなんらかの肯定的意味をもっている、という感じがもてれば、この欲求の充足のために好ましい熟達の分野だということができる。
　(c)自律性感覚が、『○○からの自由』以上の積極的な価値をもつのは、自分が『自分自身のあるべき姿』に近づいていること、すなわち自己統合に向かっていると感じられるからではあるまいか。

③認知
　これらのことを筆者なりにまとめてみると、(a)主体的に「選択」できる機会がもてること、(b)「外側からの報酬や評価がこない」こと、換言すれば、「本人が自己向上を実感」でき、それが「本人にとって、価値のある、真に『好ましい』もの」として感じられていること、が必要だということである。
　つまり、(a)効力感が、それ自体で完結しうるものではなく、実存的な問いを呼びさますこと、(b)スキーマとの関連で、効力感が、きわめて個別的なことがらであること、したがって、(c)効力感が、かならずしも社会的なパワーと直線的にむすびついてはいないこと、が示唆されている。
　それは、具体的な行動や実証性を重視するこのアプローチが、認知や効力感というアイデアによって自己実現や生きがいといった実存的な課題にかかわるチャンネルを手に入れたことを意味している。本書における「実証と実存をつなぐ」というテーマにとって、このことの意義は大きいと考えられる。

5 揺らぐものと揺るがないもの

(1) 支援者の「揺らぎ」
①揺らぎと支援者の物語

　ソーシャルワークの技術において、尾崎新は「ゆらぎ」[17]のたいせつさを指摘している。それは、支援する側に生じてくる問いやジレンマを手がかりにして、望ましい支援のあり方を学ぼうとする姿勢のことである。

　また、このことは、支援者が人間としての実感をたいせつにすることであり、Ⅵにおいて「関係の相互性」として述べたことと通底していると考えられる。諏訪中央病院における支援のところでもみたように、利用者と課題解決の物語を共有していく過程で、支援者自身の「物語」も紡がれていく。そのような人間的な問いやジレンマを通した支援者としての成長が、利用者と共有されることで、課題解決の物語も変化していくだろう。だれかが一方的に支援されるわけではないのである。

　そのような意味で、「ゆらぎ」論は、前述したナラティブ・アプローチとのつながりが深いと考えられる。

②実存性への記録の方法

　このことは、記録の問題でもある。いっしょに仕事をするかぎりは、判断の材料となる evidence すなわち見えたまま、聞こえたままの事実をきちんと記録する必要があることはいうまでもない。しかし、それだけにとどまらず、支援者の問いやジレンマをシェアできるような記録の方法も模索されるべきだろう。

　久保紘章は、そのような記録として「事例研究の記録の方法ではなく、実践者自身について書き込む（実践記録）、また一日の実践の流れ、あるいは援助関係のエピソードを書き取る」、そういう作業を通して一見何気ないと思われていた日常の会話や出来事に意味をみいだしていくことのたいせつさを指摘している[18]。支援者自身の体験のシェアそのものが連携を生みだすし、支援者の成長やサービスの向上にもつながっていくだろう。

本書では、支援ツールによるビジュアル化という手段を用いて実感を明確にしていく技術について述べたが、それは、このような記録の補助や共有の方法のひとつとして役立つと考えられる。

③現象学的場における変化のプロセス

　「揺らぐ」ことができるためには、核となる確かな何かが必要である。本書においては、それを揺るぎない「実感」ととらえて、その確かさの根拠として「体験過程スケール」を援用してきた。

　それは、完成された固定的なあり方を志向するものではなく、「今－ここ」という現象学的場における「確かさ」を実感しつつ、変化の過程を生きることである。ベイサーは、「変化は人が自分自身である時に生じるのであって、自分自身でないものであろうと努めている時には生まれない[19]」と述べている。支援者自身も「自己覚知」というゴールにある何かではなく、このような気づきへのプロセスを生きていることが必要であると考えられる（図5－4を参照）。これは、つぎに述べる Human Criteria と深いつながりをもつことがらである。

(2) Human Criteria の意義

① Human Criteria にもとづいた科学性

　本書の主張のひとつは、実存的視座による Human Criteria にもとづいた科学性の提唱であった。それは、ソーシャルワークの技術の基盤として、ごくふつうに生きている人のごくふつうの感性を尊重することである。西洋科学における実証性に対等に対峙しうるものとして本人の揺るぎない実感を考え、その形成を支援するための技術についてこれまで論じてきたつもりである。

　前述したように、ここでいう揺るぎない実感とは、「揺らぎながら生きている」そういう姿をも肯定しうるような心の底からの肯定感のことである。このような主体性と責任性に裏づけられた実感こそが「確かさ」の根拠となることを改めて指摘しておきたい。

Ⅶ　利用者の実存性を尊重した技術論の課題と展望

②利用者の実存性

　Ⅰで述べたように、強さと弱さ、健康と病気、自立（自律）と依存、貧しさと豊かさ、生存充実感と生きがい喪失など、さまざまな二項対立が人間の生活には存在する。そして、そのいずれもが人間の実存状況である。

　したがって、「利用者の実存状況に迫る」ためには、自己実現への衝迫をプロセスとして生きるなかで、どのように現実とコンタクトしつつ意味を選び取っていくのかという過程を促進する技術が必要であり、それこそがソーシャルワークの価値を支えうるのではないかと本書では考えてきた。ニーズはこのような支援過程のなかで明らかに（確かなものに）なっていくと考えられるからである。

　実存的・現象学的な立場からは、自己実現とはゴールではなく、実感という「今－ここで」どのようなのかという変化のプロセスを生きることだということができるだろう。あるいは、生活体験を実感として所有していく過程を通して、生活を自分のものとして主体性や責任性をともなって所有していく過程だと考えることも可能である。

③否定的な価値の再評価と利用者中心の支援

　そのような技術理解は、従来否定的にとらえられてきたことがらの意味づけを問い、ソーシャルワークの価値理解を変えうるものであると考えられる。

　実践の側面からは、従来「勘や経験」あるいは理念や価値として述べられることが多かったものを、支援ツールや体験過程スケールを活用するというアイデアによって、具体的な技法や展開過程として提示することが可能になるので、利用者中心の支援の科学化に寄与できるのではないだろうか。

　つまり、本研究は、利用者中心といいながら、ほんとうには利用者中心ではないニーズ論を中心としたマネジメントとして述べられる「社会福祉援助技術」に対するソーシャルワークの側からのチャレンジとして構想してきたつもりである。

(3) 実感の科学化への展望

①実証方法の妥当性と事実認識の正当性

　Human Criteria は、太田が述べる「実証方法の妥当性が、事実認識の正当性と交錯しているような現実」[20]へのチャレンジでもある。本書において実存的視座における確かさの根拠として「体験過程スケール」を採用したのは、それが実証方法の妥当性を示す指標として役立つと同時に、揺るぎない実感という事実認識の正当性を担保するものともなっている点に魅力を感じたからである。実証研究で用いられる方法が、いわゆる研究のための研究ではなく、利用者に役立つものにもなっていることが、実存的視座からの科学的支援方法の確立にとって、いちばん重要なことだと考えている。

②システム思考における実証研究の可能性

　エコシステム構想は、(a)システム思考（具体的な行動や現実といった事実から実存性にアプローチする方向）と、(b)生態学的視座（実存性に立脚しつつ具体的な行動や現実へのコンタクトを通して、実感をより確かなものにし社会的自律性を獲得していく方向）の2つのオリエンテーションから成り立っている（図4-3を参照）。

　おもに(a)の方向からは、支援の科学化に貢献するための方法として、支援ツールを用いた生活コスモスのビジュアル化がさまざまに研究・考案されてきている。それらに、行動アプローチによる事実の明確化および認知への働きかけを加えて支援デザインを構想することができれば、実証研究との連携の可能性が開かれていくと思われる。

③実存的視座における実証研究の可能性

　他方、(b)のオリエンテーションにおいては、支援ツールを用いた支援過程（時系列の変化）のビジュアル化が提案されている。そのようなツールを活用しつつ実存性にかかわっていくための技術を具体化しようというのが、本書のめざしたものであった。

　そのために、ゲシュタルト療法のアイデアと技法を援用する試みを提案したが、このゲシュタルト療法と行動アプローチとは、相補的なオリエンテー

ションをもっていると考えられる。実存的に（自らの感受性に応答しつつ、西洋科学の知とは別の価値にしたがって）生きるためには、具体的な行動にもとづいて自らの実感を形成することが不可欠だからである。

　今後の展開として、本書で示した理論を、たとえば対人認知や自己効力感に関する基礎研究(21)などとタイアップさせることで、利用者のQOLや生活実感、自己実現といった実存的側面について、ビジュアル化以外の科学化（実証研究）への道が開かれる可能性を指摘しておきたい。それは、エンパワメント・アプローチのところでも述べたように、利用者の「能力」をどう理解するかというテーマとも関連しているので、ソーシャルワークの支援方法そのものの刷新にも寄与できると考えられる。本書で述べた技術体系は、このようなソーシャルワークの基礎的な枠組みとして役立つものと信じている。

【注】
(1) たとえば　福祉士養成講座編集委員会編『新版社会福祉士養成講座8　社会福祉援助技術論Ⅰ』中央法規出版、2003年、21-22頁および159-160頁、岡本民夫監修、久保紘章・佐藤豊道・川延宗之編著『社会福祉援助技術論（上）』川島書店、2004年、4-6頁などを参照。
(2) マズロー『人間性の心理学　モチベーションとパーソナリティ』小口忠彦訳、産業能率大学出版部、1987年、72-73頁。
(3) 倉戸ヨシヤ「書評・水島恵一著『人間の可能性と限界　真の自己を求めて』」『人間性心理学研究』14(2)、1996年、262頁。
(4) 厚生労働省「社会福祉養成施設等における授業科目の目標及び内容並びに介護福祉士養成施設等における授業科目の目標及び内容の改正について（通知）」（社援第二六六七号）1999年
(5) 同通知。
(6) 大橋謙策・千葉和夫・手島陸久・辻浩編『コミュニティ・ソーシャルワークと自己実現サービス』万葉舎、2000年、23-24頁。
(7) たとえば、精神保健福祉士養成講座編集委員会編『精神保健福祉士養成講座4　精神保健福祉論』中央法規出版、2003年、34-35頁などを参照。
(8) 神谷美恵子『生きがいについて　神谷美恵子コレクション』みすず書房、2004年、22頁（この著書の初版は1966年）。
(9) 映画『アマデウス』ワーナー・ホーム・ビデオ、2003年（作品公開は1984年）。
(10) 波多野誼余夫・稲垣佳世子『無気力の心理学　やりがいの条件』中公新書、1981年、

63頁。
(11) 同書、97頁。
(12) 同書、97-99頁。
(13) 同書、68-71頁。
(14) 同書、71頁。
(15) 同書、89頁。
(16) 同書、90頁。
(17) 尾崎新編『現場のちから　社会福祉実践における現場とは何か』誠信書房、2002年、380-385頁。
(18) 久保紘章「実践と理論をつなぐもの　当事者・現場の人たちとのかかわりから」『社会福祉研究』第84号、鉄道弘済会、2002年、81-82頁。
(19) 井上文彦「抑うつに苦しむ女子学生とのゲシュタルト・ワーク」倉戸ヨシヤ編『ゲシュタルト療法〈現代のエスプリ375〉』至文堂、1998年、120頁。
(20) 太田義弘『ソーシャル・ワーク実践とエコシステム』誠信書房、1992年、244頁。
(21) たとえば、坂野雄二・前田基成編著『セルフ・エフィカシーの臨床心理学』北大路書房、2002年などを参照。

おわりに

　「小泉改革」は、競争原理や成果主義をこの社会に浸透させ、社会のあり方や大学を様変わりさせた。では、大学はどう変わったのか。
　まず、競争原理について。その大学がどれほど魅力的で、社会にとって有用かを、マスメディアを使って宣伝することが一般的になってきている。大学を人気のある「ブランド」にすることでしか生き残れないとすれば、その代償として失われるのは、学問の府としての矜恃や品性ではないだろうか。
　つぎに、成果主義に関して。ひとつのテーマと長年にわたって格闘し、それでも成果のあがらないこともある、それが研究というものである。とくにライフワークと呼ぶにふさわしい研究とは、そのようなものだろう。ところが、たとえば、筆者の勤務する大学では、半年ごとに研究計画を提出し、その達成度をレポートする制度が、今年から始まった。大学の研究能力を高め、第三者評価で高い評価を受ける資質があることを社会にアピールするのがその目的のひとつだと思われるが、科学研究費を申請するような研究（計画）ならともかく、日常的な研究のなかで、半年や1年で計画どおりに成果のあがるようなものは、そもそも研究の名に値するものなのだろうか。あるいは、そのような短期の計画を立てられるものなのだろうか。一般に、「すぐできる」「すぐ役に立つ」と銘打たれたものは、愛着をもって使い続けたいものではない場合が多い。このままでは、研究もそうならないという保証はない。
　このように、筆者は、今、質を上げるための競争が質を低下させ、成果を求められることで成果をあげられないというパラドキシカルな現実に直面している。それでも、競争やチャレンジを続け、絶えず成果をアピールしなければ生き残れないという不条理を生きるほかないのだろうか。これは、筆者にかぎらず、多くの人が直面している状況にちがいない。
　しかし、この社会では、それとは逆の生き方も確実に息づいている。たと

えば、最近、「スローライフ」ということばをよく耳にする。都会に背を向けて田舎で悠々自適に暮らすことが雑誌やテレビで取りあげられることもめずらしくない（実際には、田舎暮らしには都会生活とは別の困難や苦労があるが、それですら人間的な営みとして評価されたりする）。また、シャッター・スピードや絞りあるいはピントなどがすべて手動で、撮影者に面倒な操作を強いるレンジファインダー・カメラ（つまりは失敗の可能性の高いカメラ）が静かなブームになり、収差が多く、色の再現性に癖のある古い設計のレンズが10万円を超える（ときには30万円以上の）高値で取り引きされていたりする。これらはすべて競争原理や成果主義に与せず、自分自身の価値観、ペースで生活しようとする人間の実感にもとづいた衝迫を表わしているように思えてならない。

　このように考えてくると、そもそも自己実現とは「しなければならない」ものなのかという疑問も生まれてくる。この問いにはいくつかのバリエーションがあって、たとえば、私たちは病いや障害あるいは欠点を必ず受容すべきなのか、あるいは「健康に」生きることだけがそれほどたいせつなのか、などがそうである。こういったことまで競争を強いられたり第三者に評価されることになったら、ましてソーシャルワーカーが利用者に期待するのが「普通」になってしまったなら、筆者のような人間には、生きていくことも働くことも、きっと苦痛と困難の連続にちがいない。

　あるいは、「科学的」な態度とはどのようなものなのだろうか。たとえば、物理学においては、光は粒でもあり波でもあるとされる(1)。また、量子論においては、「誰も月を見ていない場合、月はある一ヶ所にはいないことになります。誰かが見たときだけ、月の居場所は確定するのです(2)」などということが最先端の科学的な知見として述べられている。このようにみてくると、科学的態度とは、矛盾を生きることだと言うこともできそうである。そこからも、やはり、現行のソーシャルワーク論における「科学化」の議論が底の浅いものに思えてならないのである。

　本書で筆者の考えはひととおりまとめたつもりであるが、書き終えた後も、

このような疑問や感慨は尽きない。今後の課題としたいと思う。

　ソーシャルワークでは、人と環境の交互作用や全体性が重視される。これまでみてきたように、ひとりひとりの人間はそれぞれの弱さや脆さを抱えていて、そういう意味では、わたしたちは、自分のまわりの関係性（人間や社会だけではなく、自然や人間を超えたものとの関係も含めて）に支えられて、なんとか生活しているのだといえる。

　本書がひとまず完成に漕ぎ着けることができたのも、筆者ひとりの力ではなかった。有形無形のさまざまな人たちのおかげである。太田義弘先生は、ともすれば安易な方に流されたり、論理のあいまいさを情緒に訴えたり適当な比喩で切り抜けようとする筆者を、あたたかく、根気強く、そして弱い筆者がつぶれてしまわない程度に厳しくご指導くださった。先生に師事しなければ、本書のもととなった博士論文が完成することはなかったし、研究者としての苦難とよろこびを実感できなかったとしみじみ思う。また、本書の技術における基礎的な部分や総合的な視点は学部時代の恩師でもある武田建先生の薫陶の賜である。思えば、先生には20年のインターバルを置いて2度教えていただいたことになる。人生の大きな節目をおなじ先生に見守っていただけたのは願ってもない幸運であった。また、修士課程の恩師である久保紘章先生は、いつも筆者の心の支えであった。倉戸ヨシヤ先生に学んだゲシュタルト療法からは、事実と実感、こころとからだ（行動）をどうつなぐかという学部時代からの筆者の「宿題」に大きなヒントを与えられた。関西福祉科学大学で博士論文の副査になってくださった橋本淳先生には、「実存性」や「科学」について示唆に富むご教示をいただいた。筆者は、それぞれいちばんふさわしい時期に最良の恩師に恵まれた果報者なのだとしみじみ思う。ほんとうに感謝である。

　また、忌憚のない意見を言いつつもちゃんと弱音も吐かせてくれた太田ゼミの仲間にも感謝である。苦楽をともにできる仲間がいるというのは、それだけでどれだけ心強いことなのかを、改めて教えられた。さいごに、私事で恐縮だが、筆者が博士後期課程で学ぶというわがままを許してくれただけで

なく、論文の執筆が順調でまわりのことがまるでうわの空のときも、行き詰まって途方に暮れているときも、おなじようなさりげなさでお茶やコーヒー、お菓子、ごちそうをもってきてくれた妻にも、ありがとうを言いたい。

 2009年9月

安井理夫

注
(1) 佐藤勝彦監修『「相対性理論」を楽しむ本　よくわかるアインシュタインの不思議な世界』PHP文庫、1998年、77頁を参照。
(2) 佐藤勝彦監修『「量子論」を楽しむ本　ミクロの世界から宇宙まで最先端物理学が図解でわかる！』PHP文庫、2000年、185頁。

索 引
Index

項目索引

【あ】

アート　34, 35, 65, 91, 119
ICF　76, 80, 81, 101, 103
アカウンタビリティ　66, 68
アプローチ
　　エンパワメント・—　61, 63, 92, 93, 94, 95, 200
　　機能派—　61, 63, 92, 95, 119
　　行動—　61, 63, 95, 201, 206
　　心理社会的—　58, 61, 62, 63, 92, 93, 121
　　ソリューション・フォーカスト・—　45, 47, 48, 135, 143, 144
　　チャレンジング・—　61, 95, 97, 198
　　ドミナントな—　88, 91, 93
　　ナラティブ・—　45, 61, 63, 95, 119, 142
　　問題解決—　61, 63, 92
今−ここ　61, 70, 92, 97, 99, 104, 105, 127, 129, 130, 141, 145, 204, 205
意味の発見　104, 109
医療・保健・福祉の連携　15, 71, 72
医療サービス産業　77, 79, 81, 180
因果関係　99
インターベンション　58, 59
ADL　70, 101
エコシステム構想　21, 39, 52, 70, 81, 83
SST　159, 161
エビデンス　17, 18, 58
エンカレッジ　200
エンパワメント　41, 58, 70, 178, 195
エンパワメント・アプローチ　59, 61, 63, 92, 93, 94, 95, 200
オルタナティブ・ストーリー　61, 199

【か】

介護支援専門員　69, 73, 82, 83
介護予防　69, 76, 81, 82
　　—ケアマネジメント　73, 83
解釈　25, 93, 95
乖離
　　価値と実践の—　69
　　利用者理解（価値・理論）と支援方法（技法）の—　59
科学　18
　　—化　18, 43, 45, 80, 81
　　—性　39, 58, 64, 115
　　—的　40, 64, 91
学習　61
価値
　　—基準　43
　　—と実践の乖離　69
　　—と方策の不整合　80
　　—認識　35
　　—の制度化　80
　　—の相対化　51
　　—変革体験　44
過程　138
関係
　　支援—　43, 50
　　—性　109, 111, 113, 114, 148, 153
感性　35, 36
勘と経験（勘や経験）　16, 33, 35, 36, 205
技術　37, 79, 81
　　—の定義　33, 48
気づき　35, 97, 119, 127, 128, 142
機能派
　　—アプローチ　61, 62, 63, 92, 95, 119
技法　23, 37
疑問文を平叙文に　132
客観的現実　40

213

QOL　　　101, 107, 177
境界（境域）　　　137, 145
共感　　　61
共生　　　41, 83, 149
　　　―社会　　　42
協働　　　40, 47, 48, 50, 58, 61, 83, 92, 97, 113, 114, 122, 127, 136, 141, 161, 179
　　　―のコンテクスト　　　47
　　　参加と―　　　27, 76
共有　　　19, 48, 100, 135, 159, 160, 175, 176, 177, 198, 203
苦情解決　　　66, 67, 68
ケアマネジメント　　　26, 66, 70, 72, 76, 81, 82, 83, 119, 196, 197
　　　介護予防―　　　73, 83
経験の二面性　　　99, 104, 109
ゲシュタルト療法　　　25, 141, 149, 178, 201, 206
原因－結果　　　126
限界　　　61, 101, 107, 111, 137
健康　　　70, 73, 76, 77, 80, 83, 101
　　　―性　　　126, 149
現象学的　　　18
　　　―認識　　　45
　　　―場　　　92, 97, 104
権利擁護　　　67, 70, 71
交互作用　　　57, 109, 121
厚生労働省　　　65, 82
構造－機能　　　28, 39
構造的
　　　―能力　　　113
　　　―理解　　　28
行動アプローチ　　　61, 63, 95, 201, 206
効力感　　　61, 63, 92, 94, 142, 202
コーピング・スキル　　　61
個別化　　　40, 42, 78
コンタクト　　　97, 99, 100, 104, 107, 125, 126, 130, 133, 134, 145, 163, 175, 201
コントロール　　　64, 95, 96, 133
コンピテンス　　　94

【さ】

参加と協働　　　27
ジェネラル・ソーシャルワーク　　　19, 20, 81, 83
支援
　　　―概念　　　40

―科学　　　42
―関係　　　43, 50
―者　　　134
―ツール　　　21, 81, 83, 126, 135
時間
　　　―の活用　　　62, 137
　　　―の制限　　　135
自己
　　　―概念　　　61
　　　―決定　　　62, 63, 68, 78
　　　―実現　　　41, 131, 148, 193, 194, 195, 196, 202, 205
　　　―妨害　　　141, 144, 145, 178
事実　　　18, 19
システム思考　　　22, 24, 39, 48, 58, 63, 124, 135, 141
実感　　　25, 43, 46, 48, 50, 61, 70, 97, 100, 109, 113, 126, 127, 128, 129, 131, 132, 137, 141, 159, 196, 205
　　　―との照合　　　138
実証性　　　90
実存
　　　―性　　　39, 48, 61, 97, 103, 104, 113, 141, 201
　　　―的　　　18
　　　―的・現象学的心理療法　　　104, 131, 142, 201
　　　―的視座　　　62, 64, 93
シミュレーション　　　163
社会正義　　　58, 61
社会的
　　　―自律性　　　131, 133, 148, 195
　　　―弁護　　　57
社会福祉基礎構造改革　　　15, 26, 65, 67, 72, 79, 80, 81, 83, 88
社会福祉士　　　66, 69, 72, 74, 81, 82, 83
主観的　　　18
　　　―確かさ　　　48
熟練　　　33, 36, 38
主体性　　　41, 48, 50, 131, 133, 205
受動性　　　101, 105
受容　　　75, 78, 123, 127, 144
受容－理解モデル　　　123, 124
状況　　　112, 113, 114, 148
照合　　　25, 100, 135, 159
情報開示　　　68
診断派ケースワーク　　　119

214

索　引

信頼関係　76
心理社会的アプローチ　58, 61, 62, 63, 92, 93, 121
図地反転　44, 104, 107, 109, 110
ストレングス　15, 57, 63, 64, 91, 93, 94, 95, 103, 105, 109, 119
諏訪中央病院　163, 166, 175, 176, 178, 203
生活コスモス　17, 39, 40, 125, 126
生活者　57, 59
制限　145
精神的健康性　104, 130, 149
精神分析　57, 61, 63, 92, 144
精神保健福祉　71
精神保健福祉士　69, 73, 81, 83
生態学的視座　21, 24, 39, 40, 57, 58, 63, 125, 127, 135, 141
西洋科学の知　23, 24, 28, 41, 42, 45, 62, 64, 88, 97, 119, 124, 134
責任　141, 179
　　―性　27, 41, 48, 61, 97, 109, 125, 131, 134, 141, 179, 205
絶対化　40, 176
セツルメント運動　61, 63
セルフヘルプ・グループ　196, 197
潜在能力　61, 62, 92, 109
センス　35, 36
選択　62, 99, 104, 109, 138, 145, 159, 200, 202
相互変容　42
操作性　90
相対
　　―化　40, 42, 176
　　―世界　43
属人的　32, 38, 59, 64, 88, 119
ソフト福祉　19, 81
ソリューション・フォーカスト・アプローチ　45, 47, 48, 135, 143, 144

【た】

体験過程　76, 99, 127, 128, 129, 130, 196
　　―過程スケール　25, 46, 206
態度　16, 17, 26, 63, 75, 81, 123
チャレンジング・アプローチ　61, 95, 97, 198
中範囲概念　39
治療同盟　92, 114
強さ　15, 57, 93, 94, 105

強み　114, 153
テクニカル・スキル（technical skills）　35, 48
洞察　61
ドミナント・ストーリー　61, 199
ドミナントなアプローチ　88, 91, 93

【な】

ナラティブ・アプローチ　45, 61, 63, 95, 119, 142
ナラティブ－実感モデル　123, 124
ニーズ　194
ニッチ　41, 50
二面性
　　経験の―　99, 104, 109
認知　61, 95, 100, 103, 105, 107, 111, 113, 114, 119, 126, 127, 148, 159, 200, 202
ノーマライゼーション　41, 65, 66, 70, 71

【は】

パーソナリティ変化　16
ハード福祉　19, 81
パフォーマンス　24, 42
パラダイム・シフト　52, 64
パワー　64, 91, 94, 95
パワーモデル　91, 95, 97, 115
「非」援助論　153
非科学的　17
比較　25, 100, 159
ビジュアル化　18, 124, 126
Human Criteria　28, 43, 51, 101, 110, 112, 113, 148, 179
病理モデル　57, 91, 94, 114, 121
フォーカシング　128
フィードバック　20, 42, 50, 100, 126
福祉サービスの商品化　26
べてるの家　114, 153, 166, 175, 176, 177, 178
ヘルパーセラピー原則　178
防衛機制　61, 92, 145
ポスト・モダン　45

【ま】

マナー　17
モデル
　　受容－理解―　123, 124
　　ナラティブ－実感―　123, 124
　　パワー―　91, 95, 97, 115

215

病理— 　57, 91, 94, 114, 121
　　ライフ— 　14, 15, 56, 57, 58, 61, 63, 64,
　　　　83, 92, 93, 94, 95, 114, 119
物語　　51, 127, 135, 176, 198, 203
脆さ　　101, 107, 111
問題解決アプローチ　　61, 63, 92

【や】

予防　　77
様式的理解　　28
弱さ　　15, 92, 93, 94, 101, 105, 107, 111, 113,
　　114, 153

【ら】

ライフモデル　　14, 15, 56, 57, 58, 61, 63, 64,
　　83, 92, 93, 94, 95, 114, 119
ラポール　　144
利用者　　17, 50
　　賢い—　　58
　　—理解（価値・理論）と支援方法（技法）
　　　の乖離　　59
理論と実践の乖離　　51
臨床の知　　23, 24, 40, 42, 45, 62, 64, 83, 88,
　　93, 97, 119, 124, 134

【わ】

ワーカビリティ　　61, 92, 94

人名索引

【あ】

相田みつを　110
秋山薊二　34, 36
池見陽　25, 46, 137
稲垣佳世子　201
太田義弘　19, 20, 22, 34, 36, 90, 148, 206
岡本民夫　58
奥田いさよ　33, 36
尾崎新　203
オックスレイ（Oxley, G. B.）　57

【か】

ガートナー（Gartner, A）　178
カーネギー（Carnegie, D.）　78
梶田叡一　101, 102
鎌田實　163, 164, 166, 167, 168, 176, 178, 180
神谷美恵子　44
河合隼雄　123
川田誉音　69
川村敏明　179, 180
ギッターマン（Gitterman, A.）　57
木原活信　66
キャボット（Cabot, R. C.）　71
久保紘章　64, 67, 106, 108, 109
倉戸ヨシヤ　103, 106, 108, 110, 130, 133, 149, 193
コングレス（Congress, E. P.）　149

【さ】

ジェンドリン（Gendlin, E. T.）　24, 46, 128, 130, 195, 199
ジャーメイン（Germain, C. B.）　42, 57
白澤政和　65
スモーリー（Smalley, R. E.）　137
副田あけみ　101

【た】

鑪幹八郎　101, 102, 108
ダンラップ（Dunlap, K. M.）　62
ドルゴフ（Dolgoff, R.）　145

【な】

中村佐織　138
中村雄二郎　23, 40, 64

【は】

バーカー（Baker, R.）　94
バートレット（Bartlett, H.）　20
パールズ（Perls, F.）　25, 129, 146
パールマン（Perlman, H. H.）　94
バイステック（Biestek, F.P.）　15, 47, 62, 63, 78, 123, 195
波多野誼余夫　201
ハミルトン　63
バンドラー（Bandler, B.）　57
平塚良子　32, 33, 36, 44
フロイト　103
堀口久五郎　71
ホリス（Hollis, F.）　92

【ま】

マクメイアン（McMahon, O. M）　17, 38, 50, 121
マズロー（Maslow, A. H.）　103, 193
水島恵一　101, 102, 106
向谷地生良　106, 113, 145
ムスターカス（Moustakas, C. E.）　137

【や】

山崎美貴子　65
米山公啓　80

【ら】

リースマン（Riessman, F.）　178
リッチモンド　33, 61, 63, 92
ロウエンバーグ（Lowenberg, F.）　145
ロジャーズ（Rogers, C）　16, 78, 92, 103, 123, 130, 178

図表索引

【Ⅰ】

図1－1　方法論：ソーシャルワークの構成概念（太田義弘）……………………20
図1－2　エコシステム構想の概念図（太田義弘）…………………………………22
図1－3　ミクロレベルでの知識・価値・方法・技法の関係………………………24
図1－4　構造的理解……………………………………………………………………27
図1－5　様式的理解……………………………………………………………………28

【Ⅱ】

図2－1　ブリコラージュ的な技術理解………………………………………………34
図2－2　アートと技術の関係…………………………………………………………36
図2－3　エコシステム構想にもとづく技術理解……………………………………49
図2－4　支援場面における技術の位置づけ…………………………………………49
表2－1　技術の定義……………………………………………………………………33
表2－2　アートと技術の比較…………………………………………………………36
表2－3　マクメイアンによる技術の内容（McMahon, O. M.）……………………38
表2－4　知の様式からみたソーシャルワークの焦点………………………………41
表2－5　アートと技術への科学的アプローチ………………………………………45
表2－6　体験過程スケール（EXPスケール）の評定基準早見表（池見陽）………46
表2－7　エコシステム構想における技術の内容……………………………………50

【Ⅲ】

図3－1　病理モデルとライフモデルの関係…………………………………………59
図3－2　北米におけるソーシャルワークの変遷とその内容………………………63
図3－3　社会福祉基礎構造改革による利用者中心の制度の仕組み………………68
図3－4　制度に付随した機能としての社会福祉援助のプロセスと技術…………75
図3－5　医療サービス産業における介護と社会福祉援助の位置づけ……………77
図3－6　ソーシャルワーク実践における乖離と技術そのものの乖離……………81
図3－7　わが国におけるソーシャルワーク理解の変化とエコシステム構想……83
表3－1　ライフモデルとインターベンションの乖離………………………………60
表3－2　北米ソーシャルワークにおける主流のアプローチとチャレンジング・アプローチ……61
表3－3　ライフモデルにおけるソーシャルワークの技術…………………………65
表3－4　社会福祉基礎構造改革の内容………………………………………………66
表3－5　社会福祉基礎構造改革における二重の基準（方策と価値・方法との乖離）……67
表3－6　価値の二面性…………………………………………………………………69
表3－7　社会福祉基礎構造改革にともなう2つの実践……………………………70
表3－8　社会福祉基礎構造改革における目的とマンパワー………………………72
表3－9　技術における乖離……………………………………………………………76
表3－10　ソーシャルワークと制度・養成教育・福祉サービスの乖離状況………76
表3－11　ロジャーズ、バイステック、カーネギーの比較…………………………78
表3－12　わが国の社会福祉援助における技術………………………………………79

【Ⅳ】

図4－1　実存的視座を欠いたソーシャルワークの技術……………………………90
図4－2　パワーモデルの概念図………………………………………………………96
図4－3　主流のアプローチとチャレンジング・アプローチにおける認識と焦点……98
図4－4　エコシステム構想にもとづいたソーシャルワークの技術………………98

図4-5	認知とエコシステム構想の技術	100
表4-1	臨床の知における接遇マナーと生態学的視座との乖離	88
表4-2	アート領域における2つのアイデア(サービス提供におけるマナーとアートとの乖離)	89
表4-3	主要なアプローチにおける強さと弱さ	92
表4-4	主要なアプローチにおけるストレングスの内容	95
表4-5	アート・技術における乖離と実存性	99
表4-6	QOLの7段階	102
表4-7	長所と短所の図地反転	105
表4-8	弱さ、短所の認知様式と対処	106
表4-9	従来の能力理解	112

【Ⅴ】

図5-1	病理モデルと心理社会的アプローチにおける技術理解	121
図5-2	マクメイアンとエコシステム構想における技術理解のちがい	122
図5-3	利用者における統合された生活コスモス	128
図5-4	支援とスーパービジョン・学習の関係	136
図5-5	ソーシャルワーク支援の技術とプロセス	139
表5-1	依拠する科学による方法の分類	119
表5-2	ソーシャルワークにおける視座と技術理解	122
表5-3	受容-理解モデルとナラティブ-実感モデルの比較	124
表5-4	エコシステム構想における技術(環境と利用者)	125
表5-5	実感形成のための質問の型	129
表5-6	言い換えによる明確化	131
表5-7	エコシステム構想における技術(支援者)	134
表5-8	エコシステム構想における技術(支援関係)	140
表5-9	ソーシャルワークにおける協働の内容	142
表5-10	ソリューション・フォーカスト・アプローチによる質問の型	143
表5-11	自己と環境との不適切な関係性の諸相	146
表5-12	エコシステム構想における支援技術	147

【Ⅵ】

図6-1	絶対化、相対化、再絶対化のプロセス	176
表6-1	エコシステム構想の技術とべてるの家における技術(環境と利用者)	158
表6-2	エコシステム構想の技術とべてるの家における技術(支援者)	160
表6-3	エコシステム構想の技術とべてるの家における技術(支援関係)	162
表6-4	べてるの家と諏訪中央病院における2つの視座	166
表6-5	鎌田實の2つの視座	168
表6-6	エコシステム構想の技術と諏訪中央病院における技術(環境と利用者)	170
表6-7	エコシステム構想の技術と諏訪中央病院における技術(支援者)	172
表6-8	エコシステム構想の技術と諏訪中央病院における技術(支援関係)	174
表6-9	QOLと2つの実践事例における技術	177

【Ⅶ】

図7-1	本書のテーマをめぐる問題の所在	186
図7-2	本書における考察の構成と流れ	187
図7-3	マズローの欲求階層論の再検討	193
図7-4	支援場面における参加と共有(利用者と支援者)	199

著者紹介

安井 理夫（やすい・みちお）

関西福祉科学大学社会福祉学部教授。1960年、奈良県生まれ。1982年、関西学院大学社会学部卒業。1984年、四国学院大学大学院文学研究科社会福祉学専攻修士課程修了。2007年、関西福祉科学大学大学院社会福祉学研究科臨床福祉学専攻博士後期課程修了。垂水病院PSW、同朋大学社会福祉学部講師、准教授、教授などを経て、2012年より現職。博士（臨床福祉学）、精神保健福祉士、臨床心理士。

共著に、大和田猛編著『ソーシャルワークとケアワーク』（中央法規出版、2004年）、太田義弘編著『ソーシャルワーク実践と支援科学』（相川書房、2009年）、編著に太田義弘・中村佐織・安井理夫編著『高度専門職業としてのソーシャルワーク』（光生館、2017年）、訳書に、ガートナー・A／リースマン・F、久保紘章監訳『セルフ・ヘルプ・グループの理論と実際』（川島書店、1985年）などがある。

実存的・科学的ソーシャルワーク
エコシステム構想にもとづく支援技術

2009年10月16日　初版第1刷発行
2021年 4月10日　初版第4刷発行

著　者　　安　井　理　夫
発行者　　大　江　道　雅
発行所　　株式会社　明石書店

〒101-0021　東京都千代田区外神田6-9-5
電　話　03（5818）1171
ＦＡＸ　03（5818）1174
振　替　00100-7-24505
https://www.akashi.co.jp/

組版／装丁　明石書店デザイン室
印刷　　　　モリモト印刷株式会社
製本　　　　本間製本株式会社

（定価はカバーに表示してあります）　ISBN 978-4-7503-3074-7

JCOPY 〈出版者著作権管理機構　委託出版物〉
本書の無断複製は著作権法上での例外を除き禁じられています。複製される場合は、そのつど事前に、出版者著作権管理機構（電話 03-5244-5088、FAX 03-5244-5089、e-mail: info@jcopy.or.jp）の許諾を得てください。

ダイレクト・ソーシャルワークハンドブック
対人支援の理論と技術

ディーン・H・ヘプワース、ロナルド・H・ルーニー、グレンダ・デューベリー・ルーニー、キム・シュトローム-ゴットフリート、ジョアン・ラーセン [著]

武田信子[監修]　北島英治、澁谷昌史、平野直己、藤林慶子、山野則子[監訳]

◎B5判／上製／980頁　◎25,000円

北米の大学院で長年使われているソーシャルワークの基本図書。ソーシャルワークとは何かから始まり、アセスメントや援助計画、効果的なコミュニケーション法、解決のための方略、資源開発、そして援助の終結まで最新の欧米の知見と豊富な事例をベースに論じる。

【内容構成】

第1部　序論
- 第1章　ソーシャルワークの課題
- 第2章　ダイレクト実践——対象領域、理念、役割
- 第3章　援助プロセスの概要
- 第4章　ソーシャルワークの基本的価値の実現

第2部　探索、アセスメント、計画
- 第5章　コミュニケーションの確立——共感的でオーセンティックなコミュニケーション
- 第6章　相手の話に沿い、問題を探り、焦点を当てる技術
- 第7章　逆効果を生むコミュニケーション・パターンの除去
- 第8章　アセスメント——問題とストレングスの探求と理解
- 第9章　アセスメント——個人的要因、対人的要因、環境的要因
- 第10章　多様な家庭的・文化的背景を持つ家族の機能のアセスメント
- 第11章　ソーシャルワークにおけるグループの形成と評価
- 第12章　目標の設定と契約の締結

第3部　変化をめざす段階
- 第13章　変化をめざす方略の計画と実行
- 第14章　介入の方略としての資源開発、組織化、プランニング、およびアドボカシー
- 第15章　家族関係の強化
- 第16章　ソーシャルワーク・グループへの介入
- 第17章　専門家によるより深い共感、解釈、および直面化
- 第18章　変化の阻害要因の扱い方

第4部　終結の段階
- 第19章　最終段階——評価と終結

〈価格は本体価格です〉

現代イギリスの児童虐待防止とソーシャルワーク
新労働党政権下の子ども社会投資、児童社会サービス改革、虐待死亡事件を検証する
田邉泰美著 ◎6300円

イギリスの子ども虐待防止とセーフガーディング
学校と福祉・医療のワーキングトゥギャザー
岡本正子、中山あおい、二井仁美、椎名篤子編著 ◎2800円

子ども虐待とスクールソーシャルワーク
チーム学校を基盤とする「育む環境」の創造
西野緑著 ◎3500円

子ども虐待対応における保護者との協働関係の構築
家族と支援者へのインタビューから学ぶ実践モデル
鈴木浩之著 ◎4600円

市区町村子ども家庭相談の挑戦
子ども虐待対応と地域ネットワークの構築
川松亮編著 ◎2500円

ソーシャルペダゴジーから考える施設養育の新たな挑戦
マーク・スミス、レオン・フルチャー、ピーター・ドラン著 楢原真也監訳 ◎2500円

児童養護施設の子どもたちの家族再統合プロセス
子どもの行動の理解と心理的支援
菅野恵著 ◎4200円

スクールソーシャルワーク ハンドブック 実践・政策・研究
キャロル・リッペイ・マサット、マイケル・S・ケリー、ロバート・コンスタブル編著 山野則子監修 ◎20000円

子育て困難家庭のための多職種協働ガイド
地域での専門職連携教育(IPE)の進め方
ジュリー・テイラー、ジュン・ソウバーン著 西郷泰之訳 ◎2500円

高齢者の社会的孤立と地域福祉
計量的アプローチによる測定・評価・予防策
斉藤雅茂著 ◎3600円

ソーシャルワークの哲学的基盤 理論・思想・価値・倫理
フレデリック・G・リーマー著 秋山智久監訳 福祉哲学研究所協力 ◎3000円

スクールソーシャルワーク実践スタンダード
実践の質を保証するためのガイドライン
馬場幸子著 ◎2000円

ソーシャルワーク 人々をエンパワメントする専門職
ブレンダ・デュボワ、カーラ・K・マイリー著 北島英治監訳 ◎20000円

新版 ソーシャルワーク実践事例集
社会福祉士をめざす人・相談援助に携わる人のために
渋谷哲、山下浩紀編 ◎2800円

LGBTQの子どもへの学校ソーシャルワーク
エンパワメント視点からの実践モデル
寺田千栄子著 ◎3300円

メンタルヘルス不調のある親への育児支援
保健福祉専門職の支援技術と当事者・家族の語りに学ぶ
蔭山正子著 ◎2500円

〈価格は本体価格です〉

外国人と共生する地域づくり
大阪・豊中の実践から見えてきたもの
とよなか国際交流協会編集　牧里毎治監修
◎2400円

新 多文化共生の学校づくり
横浜市の挑戦
山脇啓造・服部信雄編著
横浜市教育委員会、横浜市国際交流協会協力
◎2400円

外国人の医療・福祉・社会保障 相談ハンドブック
移住者と連帯する全国ネットワーク編
◎2500円

「発達障害」とされる外国人の子どもたち
フィリピンから来日したきょうだいをめぐる10人の大人たちの語り
金春喜著
◎2200円

子どもの貧困対策と教育支援
より良い政策・連携・協働のために
末冨芳編著
◎2600円

子どもの貧困と地域の連携・協働
〈学校とのつながり〉から考える支援
吉住隆弘、川口洋誉、鈴木晶子編著
◎2700円

子どもの貧困と「ケアする学校」づくり
カリキュラム・学習環境・地域との連携から考える
柏木智子著
◎3600円

学校に居場所カフェをつくろう!
生きづらさを抱える高校生への寄り添い型支援
居場所カフェ立ち上げプロジェクト編著
◎1800円

家庭や地域における発達障害のある子へのポジティブ行動支援PTR-F
子どもの問題行動を改善する家族支援ガイド
グレン・ダンラップほか著　神山努、庭山和貴監訳
◎2800円

聴覚障害者へのソーシャルワーク
専門性の構築をめざして
原順子著
◎2800円

ソーシャルワーク実践のためのカルチュラルコンピテンス
宗教・信仰の違いを乗り越える
シーラ・ファーネス、フィリップ・ギリガン著　陳麗婷監訳
◎3500円

精神科病院長期入院患者の地域生活移行プロセス
作られた「長期入院」から退院意思協同形成へ
杉原努著
◎3200円

地域に帰る 知的障害者と脱施設化
カナダにおける州立施設トランキルの閉鎖過程
ジョン・ロード、シェリル・ハーン著　鈴木良訳
◎2700円

高齢期における社会的ネットワーク
ソーシャル・サポートと社会的孤立の構造と変動
中田知生著
◎3500円

Q&A 生活保護手帳の読み方・使い方[第2版]
全国公的扶助研究会監修　吉永純編著
◎1300円

Q&A 生活保護ケースワーク 支援の基本
よくわかる 生活保護ガイドブック1
全国公的扶助研究会監修　吉永純編著
◎1300円

よくわかる 生活保護ガイドブック2
吉永純、衛藤晃編著

〈価格は本体価格です〉